품위있게 살고 우아하게 군림하라

정성호·전문 번역가. 최초로 번역문학가란 이름으로 매스컴에 기사화되었다. 가톨릭대학교 신학부 철학과를 졸업했으며, 번역서로 《그리스 로마 신화》, 《정신분석 입문》, 《인간의 역사》, 《역사의 연구》, 《생의 한가운데》, 《철학이야기》, 《풀어쓴 성서》, 《러브 스토리》 등 다수의 책이 있다.

품위있게 살고 우아하게 군림하라

초판 1쇄 인쇄__ 2012년 1월 10일
초판 1쇄 발행__ 2012년 1월 15일

지은이__ 필립 체스터필드
옮긴이__ 정성호
펴낸이__ 이종천
펴낸곳__ 오늘
등록일__ 1980년 5월 8일 제 10-104호

주소__ 서울특별시 마포구 마포동 35-1 현대빌딩 1203호
대표전화__ 719-2811 팩시밀리__ 712-7392
E-mail__ oneull@hanmail.net
인터넷 홈페이지__ www.oneull.co.kr

ISBN 978-89-355-0463-3 13300

Letter to his son

품위있게 살고 우아하게 군림하라

필립 체스터필드 지음 | 정성호 옮김

오늘

아버지가 아들에게 주는 최고의 편지

〈아들에게 보내는 아버지의 편지(Letters to his son)〉는 영국의 정치가이자 문인인 필립 체스터필드의 저서로, 세계적으로 널리 알려져 있다. 이 책은 한마디로 말한다면, '젊은이들을 위한 인생 독본'이라고 할 수 있다. 자녀가 '인생'에 대해 생각하기 시작할 때, 아버지는 무엇을 가르쳐 주어야 할까? 이 책에서 체스터필드는 가장 사랑하는 아들에게 '인생을 어떻게 살아가야 하는가?'를 친절하면서도 분명하게 조언한다. 인생, 사랑, 사업, 교제, 정치, 경제, 사회, 과학 등 모든 분야에 대해 아버지인 저자가 아들에게 편지로 안내하는, 인생의 모든 가르침이 들어 있는 책이다.

체스터필드는 지금으로부터 300여 년 전의 사람이다. 그가 활동한 당시의 영국은 로버트 월폴 수상이 집권하던 시기로, 1721년 이후 20년 이상 계속된 자유와 번영을 누리고 있다.

케임브리지 대학에서 수학한 후, 유럽 전역을 여행하며 젊은 날을 파리에서 보낸 체스터필드는 국회의원이 되어 폭넓은 지식과 뛰어난 웅변가로 활약했다. 1728년 네덜란드 대사가 되어 1732년까지 헤이그에 머무는 동안 한 여성과 사랑을 나누어 사내아이를 낳았다. 아이의 이름은 필립 스탠호프로, 그가 바로 체스터필드로부터 편지를 받은 '아들'이다. 스탠호프는 체스터필드가 네덜란드를 떠나는 1732년에 태어났다. 체스터필드는 그 후 정계에 들어가 1745년에서 1746년 사이에 아일랜드 총독을, 1746년에 대신을 역임했다. 그러나 얼마 뒤 귀가 멀어 정계에서 은퇴했다.

그는 계몽 사상가인 볼테르와 알렉산드르 포프, 조나단 스위프트(1667~1745, 영국의 풍자작가, 성직자) 등 작가, 시인들과 교류를 나눈 것으로도 유명하다.

체스터필드나 월폴의 시대는 '중상주의 시대'라고 불린다. 이 시대는 부유한 시민이나 근대적인 지주를 기반으로 의회제도가 확립되고, 외국과 조역을 맺지 않으며 전쟁을 하지 않고, 프랑스와의 협조를 우선으로 했으며 어느 나라보다 경제발전에 앞장선 시대였다. 제임스 와트가 증기기관을 개량하는 등 산업화가 진행되어 체스터필드가 사망할 무렵의 영국은 이미 세계 제일의 공업국이자 의회주의 국가가 되어 있었다.

체스터필드와 그가 살았던 시대에 대해서 이토록 상세하게 설명하는 것은 이 책에 대한 이해를 보다 깊게 하기 위해서다. 저자의 시대가 중상주의 시대이고, 그가 정치가였다는 것을 반영하여, 이 책은 인간적인 지식으로 가득 차 있다. 그것은 그가 이 책 속에서도 경멸하고 있는, 서재에 틀어박혀 있는 학자들로서는 도저히 알 수 없는 세계이기도 하다.

성공하기 위한 최선의 방법은 무엇보다 사람들과의 오랜 교제를 통해 그들에게서 믿음을 얻는 것이다. 이 책은 그 믿음을 어떻게 얻을 수 있는지 가르쳐주고 있다. 오랫동안 이 책이 영국의 상류사회에서 '신사를 위한 교과서'로 사용되어온 것도 바로 그런 이유 때문이다.

아버지로부터 이와 같은 훌륭한 편지를 받은 아들이 그 후 어떻게 되었는지는 잘 알려져 있지 않다. 하지만 영국의 뜻 있는 사람들은 모두 이 책을 읽었고, 그 이후부터 영국은 크게 번영했다. 가령 1859년에는 사무엘 스마일스의 〈자조론〉, 존 스튜어트 밀의 〈자유론〉, 찰스 다윈의 〈종의 기원〉이 같은 해에 출판되었다.

아들에게 보낸 편지글의 모음집인 이 책은 문학적 가치는 물론 아버지가 아들에게 보낸 편지들 중에서도 최고 걸작이다. 지금까지도 이 책이 인생론의 명저로서 전 세계 수천만 독자들에게 깊은 감명을 주면서 계속 읽히는 이유도 여기에 있을 것이다.

또한 이 책은 아버지로서의 아들만이 아니라 남녀노소 누구나 읽어도 무방하다. 인생 전체의 훌륭한 교훈이 되는가 하면 실생활에 이르는 갖가지 사소한 지혜들까지 감탄하면서 읽지 않을 수 없다.

역자 정성호

품위있게 살고 우아하게 군림하라 ● 차례

10

추천의 글_ 김재은(이화여대 명예교수)

인생 최고의 가르침과 감동이 있는 편지

CHAPTER 01
내 아들아, 이것만은 지켜라

'지금 이 순간을 어떻게 살아가느냐'가
네 인생을 결정한다.

"나는 어른이 되고 나서 좋은 스승, 좋은 친구를 만나
여러 가지 은혜를 입었지만 그 무엇보다도 아버지로부터 받은
사랑과 교훈과 모범이 커다란 힘을 주었다." —발포아

1. 지금 이 시간을 소중히 여겨라

너는 시간의 소중함을 잘 아는 것 같구나. 이것은 매우 중요한 일이란다. 시간의 소중함을 아는 것과 모르는 것이 네 인생을 엄청나게 좌우하기 때문이다.

너에게 주어진 시간을 소중히 여겨라

아들아, 네가 반드시 알아두어야 할 것이 있단다. 그것은 시간의 소중함과 그 올바른 사용법이다.

시간이 얼마나 소중한지, 그렇게 소중한 시간을 어떻게 다루어야 하는지 잘 아는 사람은 드물다. 누구나 "시간은 소중하다."고 말하지만 그처럼 소중한 시간을 더없이 소중하게 다루는 사람은 많지 않다. 시간을 헛되이 낭비하는 사람들까지도 "시간은 어느 무엇보다 소중하다."고 하거나 "시간은 눈 깜짝할 사이에 지나간다."고 말할 정도다. 시간에 관한 격언도 매우 많아서, 그것들을 적당히 주워 입에 담는 것은 너무도 쉽고 간단하다.

사람들이 이토록 시간에 관심을 가지는 것은 시계 때문이 아닐까 싶구나. 사람들은 매일 시계를 보면서 시간을 효율적으로 사용하는 것이 얼마나 중요하며, 잃어버린 시간을 되찾는 것이 얼마나 어려운지를 깨닫는다.

하지만 이런 가르침도 깨닫는 것만으로는 충분하지 않다. 시간의 가치를 알고 그 사용법을 잘 아는 사람일수록 몸소 남에게 가르칠 수 있을 정도의 경험을 지니고 있다. 이 점에서 너는 시간의 소중함을 잘 아는 것 같구나. 이것은 매우 중요한 일이란다. 시간의 소중함을 아는 것과 모르는 것이 네 인생을 엄청나게 좌우하기 때문이다.

너에게 시간의 중요성에 대해 장황하게 말할 생각은 없다. 다만 한 가지, 네가 걸어갈 기나긴 인생의 한 기간, 즉 지금부터 몇 년 동안에 대해 이야기하고 싶구나. 우선 18세 때까지 지식을 충분히 쌓도록 해라. 그렇게 하지 못하면 인생을 네 뜻대로 이끌고 가기가 힘겨워진다. 지식이란 나이 들었을 때 편히 쉴 수 있는 집이 되기 때문이다.

지금 이 시간을 헛되게 보내면 평생 후회한다

나는 은퇴 후에도 지금처럼 책을 가까이 할 생각이다. 지금 이렇게 누구의 방해도 받지 않고 책 읽는 즐거움을 누릴 수 있는 것도, 내가 네 나이 때 확고한 신념을 가지고 열심히 공부했기 때문이라고 믿는다. 그때 좀 더 노력했다면 지금 더 큰 기쁨을 누리고 있을 텐데. 아무튼 그때의 노력 덕분에 이렇게 번잡한 일상에서 벗어나 독서하는 가운데서 삶의 기쁨을 누리고 있다. 젊었을 때, 어느 정도 지식을 쌓은 것은 정말 다행이라고 생각한다.

그렇다고 놀며 보낸 시간이 낭비였다는 의미는 아니다. 놀이는 인생에 활력소를 더해 주는 것은 물론이고, 젊은이들의 타고난 욕구이니 말이다. 나도 젊었을 때 마음껏 놀았단다. 만일 그렇지 않았다면 지금쯤 놀이에 대한 잘못된 환상을 가지고 있었을지도 모르지. 사람은 자신이 모르는 것에도 항상 흥미를 느끼고 싶어하는 법이니 말이다.

다행히 나는 네 나이 때 마음껏 놀았기 때문에, 즐겁게 노는 것이 어떤 것인지 잘 알고 있단다. 그래서 후회를 하지 않지. 그와 마찬가지로 나는 일하는 데 사용한 시간이 낭비였다고 생각한 적도 없단다. 일의 겉모습만 보는 사람은 그 일이 멋질 것 같아서 자기도 해보고 싶어한다. 하지만 실제는 그렇지 않다. 그것은 실제로 경험해본 사람이 아니면 이해할 수 없기 때문이다.

다행히 나는 일도, 놀이도 열심히 했다. 곁에서 지켜보던 사람들이 놀라, 경탄하거나 한숨을 내쉴 정도였으니 말이다. 하지만 나는 일이나 놀이의 이면 역시 잘 알고 있다. 그래서 후회하기는커녕 잘한 일이라고 믿고 있다. 이런 나도 단 한 가지 후회하는 것이 있다. 그것이 무엇인지 너는 알겠느냐? 그것은 바로 젊었을 때 아무것도 하지 않고 나태하게 시간을 보냈다는 것이다.

앞으로 몇 년 동안은 너에게 더없이 중요한 시기가 될 것이다. 그래서 너에게 간곡하게 부탁하고 싶구나. 이 기간을 누구보다 의미 있게

16

보내기 바란다. 지금 네가 시간을 헛되이 보내면 그만큼 네 지식의 양도 줄어들고, 인격을 올바르게 가꾸지 못할 것이다. 반대로 네가 시간을 의미 있게 사용한다면 그 시간들이 쌓여 훗날 너에게 엄청난 이자가 되어 돌아올 것이다.

앞으로 몇 년 동안 너는 학문의 기반을 다지도록 해라. 기반을 다져 놓으면 그 다음에는 네가 원할 때 원하는 것만큼 지식을 보충할 수 있단다. 나중에 필요한 때가 되어 급하게 학문의 기초를 다지려고 하면 그때는 이미 너무 늦다. 젊었을 때 기반을 다져 놓지 않으면 나이 들었을 때 매력 없는 사람이 되고 만다.

나는 네가 사회에 진출할 나이가 되었을 때는 책을 많이 읽으라고 말하지 않을 생각이다. 그때는 책을 읽을 시간이 없을 것이다. 설령 책을 읽을 시간이 나더라도 그때는 이미 책만 읽을 신분이 아닐 테니까 말이다. 그러므로 지금 이 순간이 학문을 다질 유일한 시간이다. 누구의 방해도 받지 않고 네 마음껏 지식을 쌓을 수 있는 시기다.

물론 너도 책을 읽는 것이 짜증날 때가 있을 것이다. 그런 때는 이렇게 생각해 보렴.

'이것은 어차피 지나가야 할 길이야. 한 시간이라도 더 노력하면 그만큼 빨리 목적지에 다다를 수 있고, 그만큼 빨리 자유를 누릴 수 있을 거야.'

그것은 오로지 네가 시간을 어떻게 다루는지에 달려 있단다.

2. 자기 향상을 위한 노력을 계속해라

늦기 전에 지식을 충분히 쌓도록 해라. 그것을 위한 노력을 아끼지 마라. 그렇게 할 수 없다면 너는 성공은커녕 평범한 사람조차도 될 수 없을 것이다.

늦기 전에 지식을 충분히 쌓아라

아들아, 절제할 수 있다면 네 나이 때는 운동을 하지 않아도 몸이 건강하다. 하지만 두뇌는 그렇지 않다. 특히 네 나이 때는 평소에도 두뇌를 활발하게 움직여야 한다. 때로는 운동이나 휴식 등으로 두뇌 활동에 여유를 주는 것도 중요하겠지. 지금 이 시간을 어떻게 사용하느냐에 따라 훗날 네 두뇌활동이 좌우될 것이다.

그뿐만이 아니다. 두뇌가 건강하려면 상당한 훈련도 필요하다. 두뇌를 훈련하는 데는 아무리 많은 시간과 노력을 기울여도 지나치지 않다. 그것은 훈련된 두뇌와 그렇지 않은 두뇌를 비교해 보면 충분히 깨달을 것이다. 물론 재능을 타고난 천재가 있기도 한다. 하지만 타고난 천재는 흔하지 않기 때문에, 그것을 기대하고 기다릴 수도 없는 노릇이다. 더구나 타고난 천재라도 더욱 열심히 노력한다면 훨씬 더 위대한 인물이 될 것은 자명하다.

따라서 늦기 전에, 지식을 충분히 쌓도록 해라. 그것을 위한 노력을 아끼지 마라. 그렇게 할 수 없다면 너는 성공은커녕 평범한 사람조차도 될 수 없을 것이다.

지금 네 자신을 돌아보아라. 너에게는 출세의 발판이 될 만한 지위나 재산도 없다. 내가 언제까지 이처럼 명예로운 자리에 있을지 나 자신도 장담할 수 없단다. 네가 사회생활을 시작할 무렵이면 나는 이미 은퇴해 있겠지. 그렇다면 너는 무엇에 의지하고 무엇을 믿겠느냐? 네 자신의 힘밖에는 아무것도 의지할 게 없다. 그것만이 네가 성공하는 유일한 길이며, 반드시 그래야만 한다. 너에게는 그만한 힘이 있다고 믿는다. 사람들은 종종 이런 말을 한다.

"나는 어느 누구보다 재능이 뛰어난데 사회가 나를 인정해 주지 않는단 말이야."

이런 식의 불평과 불만은 책에서 읽기도 했다. 하지만 내가 아는 한 실제로 그런 일은 어디에도 없다. '뛰어난 사람'은 그 어떤 역경 속에서도 반드시 성공하는 법이다.

언젠가 사회에서 성공할 날을 위해 준비해라
내가 말한 뛰어난 사람이란 지식과 식견이 있고 태도가 반듯한 사람을 뜻한다. 식견이 얼마나 중요한가는 새삼스럽게 말하지 않아도 너 역시 잘 알 것이다. 식견을 갖추지 못한 사람은 쓸쓸한 인생을 보내기 마련이다. 여러 번 말하지만, 내 목표가 무엇이든 지식을 충분히 쌓도록 해라.

태도는 식견이나 지식에 비해 사소한 것이라고 여기느냐? 하지만 그것은 뛰어난 사람이 되기 위해서는 간파할 수 없는 요소란다. 어떤 태도를 지니느냐에 따라 지식이나 식견이 빛나기도 하고 퇴색되기도 한다. 그리고 사람의 마음을 사로잡는 것도 결국은 지식이나 식견이 아닌 그 사람의 태도라는 점을 명심해라.

기회 있을 때마다 네게 보낸 편지들, 그리고 지금부터 보낼 편지에 부디 진지하게 귀를 기울이길 바란다. 그것들은 내가 오랜 경험 끝에 발견한 보배로운 지혜이자, 아버지로서 아들에 대한 애정의 표시이기도 하다. 나는 네가 아닌 어느 누구에게도 이런 충고를 할 생각이 없다.

너는 아직 내가 걱정하는 것만큼 너 자신을 위해 노력하지 않는 것 같구나. 하여간 지금 내가 하는 충고가 너에게 어떤 도움이 될지 짐작할 수 없다. 하지만 참고 견디면서 내 말에 진지하게 귀를 기울여주기 바란다. 그렇게 하면 언젠가 반드시 내 충고가 헛되지 않음을 깨달을 날이 올 것이다.

CHAPTER 02
큰 사람이 되려면 이렇게 해라

'보통'으로 만족하면 진보는 없다. 크게
욕심을 부리고 나머지는 의지력, 집중력을 쏟아라.

"어머니는 우리의 마음속에 얼을 주고, 아버지는 빛을 준다." ─장 파울

3. 게으른 생각을 버려라

게으른 사람은 조금 어렵거나 골치 아프면 쉽게 좌절해서 목적지 바로 앞에서 포기하고 만다. 손에 넣기 쉬운 것, 눈에 보이는 것을 얻는 데에만 만족한다.

부지런한 사람만이 남에게 돋보이는 사람이 된다

아들아, 게으름에 관해 너에게 해줄 말이 있단다. 너도 알다시피 너를 향한 나의 애정은 어머니의 애정과는 다르다. 어머니는 자기 자식의 결점을 애써 외면한다. 하지만 나는 그 정반대다. 결점이 있으면 그것을 바로잡아 주는 것이 아버지로서 의무이자 특권이라고 생각하기 때문이다. 아울러 아버지가 지적한 점을 고치려고 노력하는 것이 자신의 의무이자 권리라고 여긴다. 내 의견에 너는 어떻게 생각하느냐?

다행히 지금까지 내가 지켜본 바로는 너는 성격이나 재능 면에서 별다른 문제는 없단다. 다만 약간 게으르고, 주의가 산만하며 주변에 무관심하더구나. 그런 모습은 몸이나 정신이 쇠약한 노인이라면 몰라

22

도 젊은이에게는 절대로 용납될 수 없는 일이겠지. 인생의 황혼기를 맞아 여생을 평온히 보내기를 원하는 노인과 이제 한창 꽃을 피워야 하는 젊은이는 전혀 다를 테니 말이다.

젊은이는 남보다 돋보이고 싶어하는데, 그럴수록 더욱 스스로를 빛나게 가꾸어야 한다. 민첩하고, 활동적이며 무슨 일이든 끈기가 있어야 한다. "뛰어난 행동이 아니면 행동이라고 할 수 없다."는 말을 명심해라. 너에게는 용솟음치는 활력이 모자란 듯싶구나. 활력이 넘쳐야만 주위 사람들을 기쁘게 하고, 남들보다 돋보이기 위해 노력하는 법이다.

다시 말하지만, 다른 사람에게서 존경받고 싶다면 그렇게 되기 위해 노력해야만 한다. 이것은 아무리 오랜 시간이 흘러도 변하지 않는 진리란다.

사람은 누구나 자신이 마음먹은 대로 될 수 있다고 나는 믿는다. 평범한 재능을 지닌 사람이라도 자신의 능력을 개발하고 집중력을 높이는 노력을 기울인다면 그 뜻을 이룰 수 있다.

너는 앞으로 사회의 일원이 될 것이다. 이를 위해 지금, 세계 여러 나라의 정치 상황, 각 나라들 사이의 이해관계, 경제 상태, 역사, 관습 등에 대해 지식을 쌓도록 해라. 이것은 그다지 어려운 일이 아니란다. 평범한 두뇌를 가진 사람이라도 노력만 기울이면 충분히 가능하다. 그것을 하지 못한다면 어느 누구에게도 용서받지 못한다. 자신이 무엇을 해야 할지 알면서도 그것을 하지 않는 것은 게으르기 때문이다.

남들보다 '조금 더' 하는 사람이 성공한다

게으른 사람은 일을 끝까지 하지 않는다. 이해하거나 체득할 가치가 있는 것은 어려움이 따르게 마련이다. 그럼에도 게으른 사람은 조금 어렵거나 골치 아프면 쉽게 좌절해서 목적지 바로 앞에서 포기하고 만다. 손에 넣기 쉬운 것, 눈에 보이는 것을 얻는 데에만 만족하는 것이지. 조금 더 참고 노력하기보다는 스스로를 바보나 무식한 사람으로 인정하고 만다.

이들은 대부분의 일 앞에서 지레 겁을 먹고, 미리 '할 수 없다'고 포기한다. 실제로 진지하게 도전해 보면 할 수 없는 일은 그다지 많지 않은데 말이다.

이들에게 어려운 일은 불가능한 일이다. 하지만 이것은 자신의 게으름을 합리화하기 위해 그렇게 생각하는 것에 불과하다.

이들에게는 한 가지 일에 한 시간을 집중하는 것보다 고통이다. 그래서 어떤 일이라도 처음에 받아들인 그대로 해석한다. 여러 가지 방향에서 생각하기를 싫어한다. 결국 겉만 볼 뿐 깊이 생각하지 않는다. 그리고 통찰력이나 집중력을 함께 지닌 사람과 대화를 나누면 자신의 무식함과 게으름을 금방 드러내며, 엉뚱한 대답만 늘어놓는다.

그러므로 어렵거나 골치 아프다고 생각했을 때 좌절하지 마라. 오히려 더 용기를 내어, 성인이라면 당연히 알아야 하고, 그러기 위해서는 끝까지 최선을 다하겠다는 굳은 마음가짐이 필요하다.

24

여러 가지 지식을 두루 갖추어라

지식 중에는 어떤 특정한 직업을 가진 사람들에게는 필요하지만 그 밖의 사람들에게는 필요하지 않은 것도 있다. 하지만 어떤 직업에 종사하든 공통적으로 알아두어야 할 것은 철저히 알아두기 바란다. 역사, 지리, 철학, 논리학, 수사학 등이 그렇단다. 더불어 유럽 여러 나라의 정치, 군사, 종교에 관한 지식도 두루 갖추기 바란다.

이 광범위한 지식 체계를 자신의 것으로 만드는 것은 쉬운 일이 아니다. 각별한 노력이 필요하기 때문이다. 하지만 한 가지씩 꼼꼼하고 꾸준히 익히고 노력한다면 못할 것도 없다. 그리고 그것은 훗날 네 인생에 큰 재산이 될 것이다.

다시 말하지만, 너는 어리석은 사람들이 흔히 입에 올리는 변명, 즉 "그런 일은 할 수 없다."고 말해서도 안 되지만, 그 같은 변명은 하지 않으리라고 믿는다. 정신적으로나 육체적으로나 할 수 없는 일은 이 세상에 한 가지도 없다. "한 가지 일에 오랜 시간을 집중할 수 없다."고 말하는 것은 "나는 바보다." "하고 싶지 않다."는 핑계를 대는 것에 불과하단다.

모든 사람들이 손쉽게 하는 것을 '할 수 없다'고 말하는 것은 더없이 부끄러운 일이며, 어리석은 일이다. 너는 어떻게 생각하느냐?

4. 작은 일을 소홀히 하지 마라

아무리 사소한 것이라도 그것이 훌륭한 것이라면 노력해서 몸에 익히도록 해라. 조금이
라도 해볼 만한 가치가 있는 것은 직접 해보고 몸에 익히기 바란다.

어학, 역사 등 자기 분야 외의 지식도 쌓아라

사랑하는 아들아, 세상에는 사소한 일로 1년 내내 바쁘게 보내는 사람들이 있다. 그들은 무엇이 중요하고 무엇이 중요하지 않은지 깨닫지 못한다. 그래서 정작 중요한 일에 써야 할 시간과 노력을 사소한 일에 쏟고 말지.

이런 사람들은 다른 사람과 만나 이야기를 나누어도 상대방의 옷차림에만 신경 쓸 뿐, 상대방의 인격은 보지 못한다. 연극을 볼 때도 내용보다는 무대 장식에 시선을 빼앗긴단다. 정치에 대해서도 정책의 옳고 그름을 논하기보다는 정치인의 말투에 얽매인다. 이런 사람들에게 발전을 기대할 수는 없다. 그런데 똑같은 사소한 일이라도 사람들에게 호감과 즐거움을 주는 것도 있다. 춤이나 옷차림을 살펴보자. 요

즘은 춤도 사회적인 친목을 도모하는 데 필요한 요소가 되었더구나. 따라서 젊은이라면 춤을 몸에 익혀 두어야겠지.

춤을 배울 때는 진지한 마음으로 배워야 한다. 우스꽝스러운 동작이라고 해서 무시하지 마라. 옷차림도 마찬가지다. 사람이라면 누구나 옷을 입어야만 한다. 그렇다면 단정하게 입는 쪽이 좋다.

훌륭한 사람이 되려면 지식과 식견을 갖추어야 한다. 물론 훌륭한 태도도 몸에 익혀야 한다. 아무리 사소한 것이라도 그것이 훌륭한 것이라면 노력해서 몸에 익히도록 해라. 조금이라도 해볼 만한 가치가 있는 것은 직접 해보고 몸에 익히기 바란다. 그리고 그 일을 이루기 위해 노력하고 노력하기 바란다.

스스로 인격을 떨어뜨리지 마라

주의가 산만한 사람은 대부분 머리가 나쁘거나 집중력이 떨어지는 사람이다. 머리가 나쁜 탓이든 집중력이 약한 탓이든, 주의가 산만한 사람과 함께 있으면 누구나 불쾌해진다. 그런 사람은 모든 면에서 예의에 벗어나 있다.

어제까지만 해도 다정하게 지내던 사람에게 오늘은 갑자기 모르는 체하거나, 모두가 한자리에 모여 즐거운 이야기를 나누어도 그 속에 끼지 못하며, 이따금 갑자기 생각난 듯이 제멋대로 대화에 끼어드는 것은 한 가지 일에 집중하지 못하는 증거다. 집중력이 떨어진 것이 아니라면 좀 더 중요한 무엇인가에 정신을 빼앗기고 있다고 생각할 수

밖에 없다.

오늘날까지 인류 역사에 출현한 천재들은 주위에 아무리 많은 사람들이 있어도 자기 일에 몰두하는 집중력을 지니고 있었다. 하지만 그런 특혜를 갖지 못한 일반 사람들로서는 엄두도 내지 못한다. 조금이라도 그들의 흉내를 냈다가는 당장 바보 취급을 받거나 동료들에게 따돌림을 당하기 십상이다.

주의가 산만한 사람과 함께 있으면 누구나 불쾌감을 느끼게 된다. 그것은 상대방을 모욕하는 것과 다를 바 없기 때문이다. 모욕은 누구에게나 용서할 수 없는 일이란다.

잘 생각해 보렴. 너라면 존경하는 사람이나 사랑하는 사람을 앞에 두고 다른 데에 정신을 빼앗기겠느냐? 그럴 리가 없다. 누구든 주목할 만한 가치가 있는 사람에게는 집중하기 마련이다. 그리고 어떤 경우라도 주목할 가치가 없는 사람이란 존재하지 않는다. 나라면 정신을 한곳에 집중하지 않는 사람과 함께 있기보다는 죽은 사람과 함께 있겠다. 그 편이 훨씬 낫기 때문이다. 적어도 죽은 사람은 나를 무시하거나 바보 취급은 하지 않을 테니까 말이다.

정신이 산만한 사람들은 나를 주목할 만한 가치가 없는 사람이라고 단정한다. 설령 그것이 옳더라도, 정신이 산만한 사람이 과연 함께 있는 사람들의 인격이나 태도, 그 지역의 관습 등을 제대로 관찰할 수 있겠느냐? 그런 사람은 평생 훌륭한 사람들 속에서 지낸다고 해도 무엇 하나 얻지 못한 채 인생을 보낼 것이다. 게다가 지금 해야 할 일, 하는 일에 주의를 기울이지 못하는 사람은 좋은 일을 할 수도 없고, 좋은 대화 상대가 되지도 못한다.

〈걸리버 여행기〉에 나오는 '주의환기인' 이야기를 들어보렴

나는 너의 교육을 위해서라면 한 푼도 아끼지 않을 생각이다. 그것은 경험상 너도 충분히 알고 있을 것이다. 그렇다고 해서 너를 위해 '주의환기인'을 고용하지는 않을 생각이다.

너도 〈걸리버 여행기〉를 읽었으니 '주의환기인'이 무엇인지 잘 알 것이다. 라퓨타에는 언제나 깊은 사색에 잠겨 있는 철학자들이 있다. 그들은 '주의환기인'이 발성 기관이나 청각 기관을 직접 만져주지 않으면 이야기할 수도, 남의 이야기를 들을 수도 없다. 그래서 생활에 여유가 있는 집에서는 하인 중 한 명에게 '주의한기인' 일을 맡겼다.

주인들은 '주의환기인' 없이는 밖에 나갈 수도, 남의 집을 방문할 수도, 산책조차도 할 수 없었다. 깊은 사색에 잠겨 있다가 위험한 장애물을 만날 때 눈꺼풀을 건드려서 그것을 알려 주지 않으면 언제 벼랑에 떨어질지, 돌기둥에 머리를 부딪칠지, 언제 개집과 충돌할지 모르기 때문이다.

물론 나는 네가 〈걸리버 여행기〉 속에 나오는 라퓨타의 철학자들처럼 위험할 정도로 깊은 사색에 잠기리라고는 생각지 않는다. 네 경우는 오히려 아무 생각이 없는 부류일 것이다. 그렇다고 해서 정신이 산만해서 '주의환기인'이 필요할 정도가 되지 않도록 조심하기 바란다.

5. 상대를 존중해라

아무리 사어떤 사람이든 모욕을 당하면 그것에 화낼 만큼의 자존심은 지니고 있다. 따라서 평생의 적을 만들고 싶지 않다면, 아무리 모욕해도 마땅한 사람이라도 그것을 겉으로 드러내지 말도록 해라.

바보 취급을 당할 만큼 쓸모없는 인간은 없다

'주의환기인'은 필요 없더라도, 너는 주위 사람들에 대한 주의력이 부족하더구나. 주의력이 부족하다는 것은 네가 그 사람들을 무시한다는 것을 말한다. 몇 번이나 말하지만, 세상에는 무시해도 좋을 만큼 쓸모없는 사람은 단 한 명도 없단다.

물론 이 세상에는 수많은 사람들이 있다. 그들 중에는 어리석은 사람도, 변변치 못한 사람도 있을 것이다. 그런 사람들까지 모두 존경하지는 않더라도 무시하지는 마라. 노골적으로 무시한다면 오히려 네 몸을 망치게 된다.

상대방을 마음속으로 싫어하는 것은 자유지만, 쓸데없이 그것을 내

보이지는 마라. 그것은 자신의 마음을 속이는 비겁한 행동이 아니라 현명한 태도란다. 그런 사람들이라도 언젠가는 너에게 힘이 되어줄 때가 있을지 모르기 때문이다. 그럴 경우, 네가 단 한 번이라도 그 사람을 무시한 일이 있다면 상대방은 너에게 힘이 되어 주지 않을 것이다.

나쁜 짓은 용서받을 수 있지만, 모욕은 절대로 용서받지 못한다. 사람에게는 저마다 자존심이 있고, 그 자존심은 무시당한 일을 언제까지나 기억한다.

무시당한다는 것은, 때로는 자신이 저지른 죄 이상으로 숨겨두고 싶은 약점이나 결점을 노골적으로 건드리게 마련이다. 이것은 너무 가슴 아픈 일이다. 실제로 자신의 잘못을 친구에게 털어놓는 사람은 많지만, 아무리 친한 친구 사이라도 자신의 약점이나 결점을 털어놓는 사람을 나는 아직 한 번도 보지 못했다. 이와 마찬가지로 잘못을 지적해 주는 친구는 있지만, 상대방의 어리석음을 노골적으로 건드리는 사람 역시 없을 것이다. 자기 스스로 고백하든, 다른 사람에게서 지적을 받든 자존심에 깊은 상처를 남기기 때문이다.

어떤 사람이든 모욕을 당하면 그것에 화낼 만큼의 자존심은 지니고 있다. 따라서 평생의 적을 만들고 싶지 않다면, 아무리 모욕해도 마땅한 사람이라도 그것을 겉으로 드러내지 말도록 해라.

경솔한 말 한 마디가 평생의 적을 만든다

더러는 우월감을 나타내거나 주위 사람들의 관심을 끌려고 남의 약점이나 결점을 들추는 경우가 있다. 이런 일은 절대로 하지 말고, 그런 유혹에 넘어가지도 마라. 그런 행동을 하면 분명히 그 당시는 주위 사람들의 관심을 끌 것이다. 하지만 그 때문에 너는 평생의 적을 만들고 만다. 그리고 그 당시에는 너와 함께 웃고 즐기던 사람들조차도 나중에는 자신이 그처럼 되지 않을까 섬뜩해질 것이다. 그래서 결국 그들까지도 너를 외면할 것이다.

그뿐 아니다. 그런 행동은 천박해 보인다. 마음씨가 고운 사람이라면 남의 약점이나 불행을 들추기보다는 감쌀 것이다. 만일 너에게 재치가 있다면, 그 재치를 다른 사람의 마음에 상처를 주기 위해서가 아니라 그들을 행복하게 하는 데 사용하도록 해라.

6. 자신의 생각으로 세상을 판단하지 마라

사람은 저마다 자기가 옳다고 믿으며 살아간다. 그런데 정말로 누가 옳은가를 아는 것은 신뿐이다. 그렇기 대문에 상대방의 생각이 네 생각과 다르다고 해서 무시하거나 업신여기는 것은 어리석은 일이다.

나와 다른 의견이라도 존중해라

아들아, 네가 보낸 편지를 받아 보았다. 네가 로마 가톨릭 교회에 관한 어처구니없는 이야기를 듣고, 더구나 그것을 맹신하는 신자들을 보고 놀란 심정은 잘 알겠구나. 하지만 비록 잘못된 생각이라도 그들이 그렇게 믿는 한 결코 비웃거나 비난하지는 마라.

사물에 대한 분별력이 흐려져 사리 판단을 하지 못하는 사람들은 불쌍하기 이를 데 없다. 하지만 그들이 비웃음을 살 만한 일이나 비난 받을 일을 한 것은 아니란다. 그러니 절대로 비웃거나 비난하지 마라. 오히려 상냥한 마음으로 대하고, 가능하다면 이야기를 나누면서 올바른 방향으로 이끌어 주겠다는 마음가짐을 갖도록 노력해라.

사람은 저마다 자신의 판단에 따라 행동하는 법이란다. 또 그렇게 하는 것이 바람직하다. 그럼에도 그것을 자신의 생각과 똑같아야 한다고 고집하는 것은 상대방의 체격이나 키가 자기와 똑같아야 한다고 고집하는 것은 상대방의 체격이나 키가 자기와 똑같아야 한다고 말하는 것과 마찬가지다. 사람은 저마다 자기가 옳다고 믿으며 살아간다. 그런데 정말로 누가 옳은가를 아는 것은 신뿐이다. 그렇기 때문에 상대방의 생각이 네 생각과 다르다고 해서 무시하거나 업신여기는 것은 어리석은 일이다.

사람은 자신이 생각하는 것밖에는 생각할 수 없고, 믿는 것밖에는 믿을 수 없는 동물이다. 비난받아야 할 사람은 그것을 믿는 사람이 아니라 일부러 거짓말을 한 사람, 사실을 날조한 사람이다.

거짓말은 아무리 위장해도 밝혀진다

세상에서 거짓말처럼 죄가 크고, 야비하며, 어리석은 것은 없단다. 상대방에 대한 적의나 두려움, 허영심 때문에 거짓말을 만들어 내는데, 어떤 경우라도 거짓말로 목적을 이룰 수는 없다. 아무리 교묘하게 위장해도 거짓말은 언젠가는 밝혀지기 때문이다.

누군가의 행운이나 인기를 시기해서 거짓말을 했다고 하자. 분명히 얼마 동안은 상대방에게 상처를 입힐 수 있을 것이다. 하지만 가장 큰 상처를 입는 것은 바로 자기 자신이다. 더구나 그런 일이 있은 후에 그 상대방에 대해 아무리 진실을 말해도 거짓말이나 험담으로 받아들일 뿐이란다.

자신의 말과 행동을 변명하거나 명예에 상처를 입고 창피를 당하는 것이 두려워 거짓말을 하거나 변명을 하기도 한다. 하지만 머지않아 그 사람은 거짓말과 그 원인인 불안 때문에 오히려 자신의 명예에 상처를 입고 창피를 당한다는 것을 깨달을 것이다. 그 사람은 자신이 세상에서 가장 하찮고 야비한 인간임을 스스로 증명한 셈이다. 그래서 주위 사람들이 그런 눈총을 보내는 것도 당연하다.

만약 불행하게도 잘못을 저질렀을 때는 거짓말을 해서 그것을 숨기기보다는 솔직하게 시인하는 것이 떳떳하다. 그렇게 하는 것이 죄에서 벗어나는 유일한 방법이며 상대방에게 용서를 구하는 유일한 길이다.

잘못이나 약점을 숨기려고 변명하거나 발뺌하거나 속이는 행위는 보는 것만으로도 불쾌해진다. 게다가 그 사람이 무엇을 두려워하는지도 자연스럽게 알게 된다. 따라서 그런 행동을 해서 성공하는 경우는 극히 적고, 오히려 성공하지 못하는 것이 당연하다.

너도 양심과 명예에 상처를 받지 않고 당당하게 살고 싶다면, 남에게 거짓말을 하거나 속이지 말고 정직하게 행동하기 바란다. 이것은 생명이 다하는 날까지 가슴 깊이 새겨 두어라. 그것이 사람으로서 당연히 해야 할 의무이고, 네 자신에게도 이익이 된다.

어리석은 사람일수록 거짓말을 잘한다. 그래서 나는 어떤 사람이 거짓말을 얼마나 많이 하는지에 따라 그 사람의 인격을 측정한단다.

7. 묵직한 생활 태도를 가져라

무턱대고 붙임성 있게 행동하는 것은 윗사람을 화나게 할 뿐이며, 주위 사람들로부터 '아첨꾼' 이나 '꼭두각시' 라는 손가락질을 받기 쉽다.

세상을 먼저 경험한 사람이 그리는 약도를 보렴

아들아, 오늘은 사람과 사람의 성격과 태도에 대해 공부하자. 세상이라는 공간 안에서 이루어지는 사람과 사람 사이의 관계는 늘 생각해 볼 만한 가치가 있다. 특히 네 나이에는 좀처럼 얻을 수 없는 지식이란다.

나는 이런 인생의 지혜를 젊은이에게 가르쳐 주는 사람들이 많지 않다는 사실을 예전부터 의아하게 생각해 왔다. 모두들 자기의 역할이 아니라고 생각한 때문일까? 학교 선생님이나 교수도 그렇다. 그들은 교과서나 자기의 전문 분야만 가르칠 뿐, 그 밖의 것은 하나도 가르치지 않는다. 아니, 가르칠 수 없다고 말해야 옳다.

이것은 부모도 마찬가지다. 바쁜 생활에 얽매인 탓인지, 무관심해서인지 가르치려고 하지 않는다.

그들 중에는 자녀를 세상에 내보내어 자녀 스스로 세상과 부대끼는 것이 가장 좋은 공부라고 믿는 경우도 있다. 이것은 어떤 의미에서는 옳다고 생각한다. 세상일은 이론만으로는 알 수 없기 때문이다. 실제로 세상에 몸을 담아보지 않고는 알 수 없는 일이기도 하다. 하지만 세상이라는 미로에 발을 들여놓기 전에, 그곳에 먼저 들어가 본 일이 있는 사람이 약도를 그려 주는 것도 괜찮지 않을까?

무턱대고 붙임성 있게 행동하지 마라

그러면 본론으로 들어가자. 아무리 훌륭한 사람이라도 다른 사람에게 존경을 받으려면 어느 정도의 위엄이 있어야 한다.

주위 사람들에게 불쾌감을 줄 정도로 떠들거나, 장난치거나, 큰소리로 웃거나, 실없이 농담하거나, 무턱대고 붙임성 있게 행동하는 것은 위엄 있는 태도가 아니다. 이런 모습을 보이면 아무리 지식이 풍부하고 인격이 높은 사람이라도 존경을 받지 못한다. 아니, 바보 취급을 당하기 십상이지.

쾌활한 것은 좋지만 이런 사람들 중에 존경을 받은 경우는 지금까지 한 명도 없었다고 해도 과언이 아니다. 무턱대고 붙임성 있게 행동하는 것은 윗사람을 화나게 할 뿐이며, 주위 사람들로부터 '아첨꾼'이나 '꼭두각시'라는 손가락질을 받기 쉽다. 신분이나 지위가 낮은 사람에게 붙임성 있게 대하면 상대방은 오해하여 제 분수도 잊은 채 대등하게 교제하려 들 것이다.

농담도 마찬가지다. 실없는 농담만 하는 사람은 꼭두각시와 조금도 다를 것이 없단다. 농담은 재치와는 거리가 멀기 때문이다.

자신의 성격이나 태도와는 관계없는 점이 호감을 사서 어울리는 사람은 결코 존경받지 못한다. 오히려 적당히 이용만 당할 뿐이다.

우리는 상대방에 대하여 "노래는 잘하니까 우리 모임에 끼워 주자", "춤 정도는 잘 추니까 무도회에 초대하자", "게임에는 금방 열중한다.", "금세 술에 취해 버린다."라고 말하기도 한다. 이런 평가는 칭찬도, 호감을 사는 말도 아니다. 오히려 그 사람을 헐뜯는 말에 불과하며 의도적으로 바보 취급을 하는 것과 같다. 그 사람은 적어도 정당한 평가를 받지 못하며, 존경을 받지 않는 것만은 확실하다.

한 가지 이유만으로 그 모임에 들어온 사람은 그것 이외에는 존재 가치가 없다. 다른 면에서 주목을 받지 못하기 때문에 그는 아무리 훌륭한 장점이 있어도 사람들로부터 존경을 받지 못한다.

겉모습을 꾸민다고 해서 품위 있게 보이지는 않는다

그렇다면 어떤 것이 위엄 있는 태도일까? 위엄 있는 태도는 거만한 태도와는 어울릴 수 없다. 아니, 정반대라고 해야 옳다. 농담이 재치가 아닌 것처럼 거만하게 뽐내는 것은 용기가 아니란다. 사실 거만한 태도만큼 사람의 품위를 떨어뜨리는 것은 없다고 해도 과언이 아니다.

거만한 사람의 자만심은 분노를 낳지만, 그 이상의 비웃음과 멸시도 낳는다. 이것은 물건에 터무니없이 비싼 값을 매겨 팔려는 장사꾼과 같다. 우리는 그런 장사꾼에게 엄청나게 싼값을 불러 서로가 얼굴을 붉히며 흥정한다. 하지만 정당한 값을 부르는 장사꾼에게는 어느 누구도 무리하게 흥정하지 않는다.

위엄 있는 태도란 무턱대고 아부하거나 팔방미인처럼 행동하는 것이 아니다. 반대로 무엇이든 거부하거나 무리하게 논쟁을 벌이는 것도 아니란다. 오히려 자기 의견은 겸손하면서도 분명하게 말하고, 다른 사람의 의견은 진지하게 듣는 태도를 위엄 있는 태도라고 말한다.

위엄은 그 사람이 풍기는 분위기에서도 나타난다. 그 사람의 얼굴 표정이나 행동에서 우러나는 진지함이 그 사람을 위엄 있게 한다. 물론 생기발랄한 재치나 유쾌함, 고상함 등이 표정에 더해져도 좋다. 그런 것들은 언제나 사람을 위엄과 품위 있게 만든다.

이에 반해 실없이 히죽히죽 웃는 모습이나 몸을 자주 흔드는 것은 보기에도 가볍게 보인다. 아무리 겉모습을 위엄 있게 보이려고 해도, 악습에 젖어 있는 사람은 절대로 위엄이 우러나지 않을 것이다. 항상 당하기만 하는 사람이 아무리 발버둥을 쳐도 용기 있는 사람으로 보이지 않는 것처럼. 하지만 그런 사람이라도 예의 바르고 당당하게 행동한다면 주위의 나쁜 평가도 수그러들 것이다.

위엄에 대해 내가 미처 말하지 못했거나 네가 더 알고 싶거든, 키케로(BC 106~43, 고대 로마의 정치가, 철학자, 웅변가, 저술가)의 〈안내서)나 〈예의범절 편람〉을 읽어보기 바란다. 그냥 읽는 것이 아니라 그 책의 내용을 모두 외우겠다는 마음가짐을 가졌으면 한다. 그 책에는 위엄을 몸에 익히려면 어떻게 해야 하는지 자세하게 기록되어 있단 다. 사랑하는 내 아들아!

CHAPTER 03
최고가 될 사람은 마음가짐이 다르다

공부도 노는 것도 철저히 해라.

"한 사람의 아버지가 백 사람의 선생보다 낫다."- 조지 허버트

8. 오늘 1분을 비웃으면 내일 1초 때문에 운다

젊을 때는 시간이 충분하다고 생각하고 또 아무리 낭비해도 없어지는 일은 없다고 생각하기 쉽다. "20분만 쉴 뿐인데.", "30분 정도쯤이야." 하고 우습게 생각하고 아무것도 하지 않는다면 1년 뒤에는 엄청난 시간을 잃게 된다.

시간이란 늘 충분히 많은 것이 아니다

소중한 아들아, 돈이나 재물을 지혜롭게 다루는 사람은 드물다. 시간을 지혜롭게 사용할 줄 아는 사람은 그보다 훨씬 드물다. 시간을 지혜롭게 사용할 줄 아는 것이 돈이나 재물을 다루는 것보다 중요하다는 것은 두말할 필요도 없다.

나는 네가 이 두 가지를 모두 지혜롭게 사용할 줄 아는 사람이 되기 바란다. 너도 이제 그런 것을 생각해야 할 나이가 되었으니 말이다.

젊을 때는 시간이 충분하다고 생각하고 또 아무리 낭비해도 없어지는 일은 없다고 생각하기 쉽다. 하지만 그것은 소중한 재산을 탕진하는 것과 같아서, 그것을 깨달았을 때는 이미 너무 늦어서 되돌릴 수 없

42

는 경우가 많단다.

"1펜스를 업신여기지 마라. 1펜스를 비웃는 사람은 1펜스 때문에 울게 된다."

이 말은 명언이자 영원한 진리다. 이것은 시간에도 적용할 수 있다.

"1분은 비웃는 사람은 1분 때문에 울고 말 것이다."

따라서 너무 짧다고 생각하는 10분이라도 헛되이 쓰지 말기 바란다. 10분이라고 해서 헛되이 보내면 하루에 몇 시간을 낭비하게 된다. 이것이 1년 동안 쌓이면 엄청난 시간이 될 것이다.

하루 20분이라도 1년이면 상당한 시간이 된다

12시에 어디에서 누군가와 만나기로 약속했다고 하자. 너는 11시에 집을 나서서 그 전에 두세 사람의 집을 방문할 예정이다. 그런데 그들 중 누군가가 집에 없다면 어떻게 하겠느냐? 카페에 들어가서 시간을 보내겠느냐? 나라면 그렇게 하지 않을 것이다.

우선 집으로 돌아와서 편지를 쓰겠다. 그렇게 하면 나중에 다시 한 번 약속 장소로 갈 때 편지를 부칠 수 있을 테니 말이다, 편지를 쓰고 나서도 시간적 여유가 있다면 책을 읽겠다. 시간이 짧기 때문에 까다롭고 난해한 책보다는 짧고도 지적이고 재미있는 책이 좋을 것이다. 이렇게 남아 있는 시간을 효율적으로 사용하면 그만큼 시간은 절약될 수 있다. 적어도 시간을 헛되이 보내는 일은 없을 테니.

세상에는 시간을 헛되게 보내는 사람이 의외로 많다. 의자에 몸을 기대고 앉아 하품을 하면서, "일을 시작하기에는 시간이 모자라."라고 말하기도 한다. 하지만 이런 사람은 실제로 시간이 남아도 일을 시작하지 않는다. 결국 아무것도 하지 않은 채 시간을 보낸다. 그는 게으른 사람에 불과하다. 이런 사람은 공부를 하거나 일을 하더라도 결코 성공하지 못할 것이다.

네 나이 때는 한가롭게 시간을 보내는 것이 아직 허용되지 않는다. 내 나이가 되어서야 비로소 여유를 즐기는 법이다. 너는 이제 막 사회에 얼굴을 내민 것에 불과하다. 그러므로 적극적이고 성실하며 변하지 않는 끈기가 요구된다.

앞으로 몇 년간이 네 일생에 얼마나 소중한 의미를 지니는가를 곰곰이 생각하기 바란다. 그러면 한순간이라도 소홀히 할 수 없을 것이다. 그렇다고 하루 종일 책상 앞에만 앉아 있으라는 뜻은 아니다. 그렇게 하라고 권할 생각도 없고, 그렇게 해야 한다고 생각한 적도 없다. 다만 무엇이든 좋으니, 그 무엇인가를 하고 있다는 것이 중요하다.

"20분만 쉴 뿐인데." "30분 정도쯤이야." 하고 우습게 생각하고 아무것도 하지 않는다면 1년 뒤에는 엄청난 시간을 잃게 된다. 하루 중에서도 공부하는 시간과 노는 시간 사이에 짧은 여유 시간이 있을 것이다. 그럴 때 우두커니 앉아서 하품이나 하면 안 된다. 무슨 책이라도 좋으니 집어 들고 읽어라. 만화책이라도 좋다. 아무것도 읽지 않는 것보다는 훨씬 나을 것이다.

짧은 시간을 잘 사용하는 것은 시간을 절약하는 것이다

내가 아는 사람들 중에는 시간을 지혜롭게 사용할 줄 알아 짧은 시간이라도 헛되게 버리지 않는 분이 있다. 이분은 화장실에서 볼일을 볼 때마다 시집을 읽어 마침내는 그 책을 다 읽었다. 그가 시집을 읽고 싶다고 가정하자. 그는 가까운 서점에 가서 마음에 드는 수필집을 사 가지고 집으로 돌아온다. 그것을 볼일 볼 때마다 한 편씩 읽는다. 그는 이것을 늘 되풀이했다.

이것은 시간을 절약하는 좋은 방법이라고 생각하지 않느냐? 너도 한번 시도해 봐라. 달리 하는 일도 없이 빈둥빈둥 있는 것보다는 훨씬 좋은 방법일 테니. 게다가 이렇게 하면 책의 내용이 항상 머릿속에 남아 있어서 더없이 효과적이다.

물론 어떤 책이라도 다 좋다는 것은 아니다. 계속해서 읽지 않으면 이해하기 어려운 전문 서적이나 내용이 까다로운 책은 적합하지 않을 것이다. 하지만 그런 책이 아니더라도 몇 페이지만 읽어도 충분히 의미가 통하고, 유익한 책은 얼마든지 많이 있다. 그런 책을 골라서 읽으면 좋을 것이다.

짧은 시간이라도 이처럼 효과적으로 이용하면 나중에 상당한 일을 했음을 깨달을 것이다. 반면에 짧은 시간이라고 해서 헛되게 보내면 나중에 그 시간을 만회하기 위해 엄청난 시간을 들여야 할 것이다. 따라서 한 순간 한 순간을 의미 있게 사용하기 바란다. 아무것도 하지 않는 것보다는, 시간을 뜻 깊게 보냈다고 여길 만한 시간 활용법을 생각해 내는 것이 바람직하다.

이것은 공부에만 한정된 것이 아니다. 노는 것 역시 때로는 필요하며 중요하다는 것을 이야기한 바 있다. 사람은 놀이를 통해서 성장하고 어른이 된다. 잘난 체하거나 꾸미는 태도를 벗어던졌을 때 사람의 참 모습이 드러나고, 그것을 분명하게 보여주는 것이 놀이다. 따라서 놀 때도 빈둥거리지 마라. 놀 때도 공부할 때와 마찬가지로 집중해서 놀기 바란다.

1초라도 헛되게 쓰지 않으려면 일에 순서를 정해라

사회생활을 하는 데는 일반 사람들이 생각하는 마술과 같은 능력이나 특별한 재능은 필요하지 않다. 일의 순서를 알고 근면함, 분별력만 있으면, 재능만 있고 질서가 없는 사람보다 훨씬 훌륭하게 일을 처리할 수 있다.

너도 사회의 일원으로서 첫걸음으로 내디딘 이상, 지금부터라도 모든 일에 체계를 세워 진행하는 습관을 익히도록 해라. 일의 순서를 정하고, 그것에 따라서 진행하는 것이야말로 일을 능률적으로 처리하는 비결이다. 글을 쓰거나, 책을 읽거나 시간을 배분하는 것을 비롯해 모든 일에 순서를 정해야 한다. 그렇게 하면 시간을 얼마나 절약할 수 있는지, 일을 얼마나 능률적으로 진행했는지 깨달을 것이다.

내 절친한 벗인 월폴(1676~1745, 영국의 정치가) 수상의 경우를 소개하마. 그는 단 1초라도 헛되게 쓰지 않아 같은 한 시간이라도 다른

46

사람들보다 몇 배의 일을 처리했다. 그를 보면 허둥대거나 혼란스러워하는 사람은 일이 많아서 그런 것이 아님을 알 수 있다. 그것은 일에 질서와 순서가 없기 때문이다. 월폴은 다른 사람의 열 배나 되는 일을 했지만, 단 한 번도 허둥대는 모습을 보인 일이 없다. 일을 처리하는 순서가 정확하게 정해져 있었기 때문이다. 제아무리 능력 있는 사람이라도 일의 순서를 정해놓지 않으면 머릿속이 혼란해져서 쉽게 포기하고 만다.

내가 봐서 너는 게으른 편이다. 지금부터라도 게으르지 않도록 분발하기 바란다. 스스로 네 자신을 타일러, 열흘이라도 좋으니 일을 처리하는 방법과 순서를 정해 보아라. 그렇게 하면 미리 정해놓은 순서대로 일을 진행하는 것이 얼마나 편리하고 좋은 결과를 가져오는지 깨달을 것이다. 그리하여 두 번 다시 그 순서에 따르지 않고는 어떤 일도 할 수 없음을 깨달을 것이다.

9. 놀 때는 놀면서 자신을 키워라

내가 꿈꾸는 모습에 가까이 가기 위해서 얼마나 겉치레에만 열중했는지 생각하면 부끄러울 따름이다. 일부러 자신의 흥미를 강요하거나 상대를 비난해 미움을 살 필요도 없다. 남은 남이므로 자기가 하고 싶은 대로 하라고 놔두면 된다.

쾌락에 빠질 만큼 마음껏 놀아라

아들아, 놀이와 오락은 거의 모든 젊은이들이 부딪치는 암초와 같은 것이다. 돛을 한껏 부풀리고 즐거움을 찾아 배를 띄우는 것까지는 좋았지만 문득 정신을 차려 보니 방향을 가늠한 나침반도 없고, 키를 잡는 데 필요한 지식도 없다. 이래 가지고는 목적지인 '진정한 즐거움'에 도달할 수가 없다. 불명예스러운 상처만 입고 간신히 항구로 되돌아올 뿐이다.

이렇게 말하면 오해를 받을 것 같지만, 나는 금욕주의자처럼 즐거움을 외면하거나 싫어하는 사람도 아니고, 쾌락에 빠지지 말라고 설교하는 사람도 아니다. 오히려 쾌락주의자에 가까워서 여러 가지 놀이를 소개해 주고 마음껏 놀라고 권한다. 정말이란다. 마음껏 놀기 바란다. 나는 다만 네가 잘못된 길로 가지 않도록 인도해줄 따름이다.

너는 어떤 것에서 즐거움을 찾느냐? 유쾌하고 품위 있는 사람들과 함께 행복한 만찬을 즐기느냐? 함께 있어서 배울 것이 많은 사람과 친하게 지내기 위해 노력하느냐? 나를 친구라고 생각하고 무엇이든 스스럼없이 말해다오. 나는 너의 즐거움을 하나하나 따질 생각은 없다. 오히려 네 인생의 길잡이로서 건전하게 노는 방법을 소개해 주고 싶을 뿐이다.

나는 잘못 놀아서 벌을 받고 있다

젊은이들은 자신의 기호와는 상관없이 눈에 보이는 즐거움을 선택하기 쉽다. 무절제야말로 놀이의 본질이라고 착각하는 극단적인 경우까지 있다. 너 역시 그렇게 생각하느냐? 술은 육체와 정신에 나쁜 영향을 끼치기는 하지만 더없이 유쾌한 일이라고 생각하느냐? 도박에 몇 번씩 져서 때론 무일푼이 되어도 여전히 도박이 재미있는 놀이라고 생각하느냐? 여자의 꽁무니를 따라다녀 잘못되어도 건강을 해치는 정도이지, 온몸이 망가지는 일은 좀처럼 없을 것이라고 장담하느냐?

너도 알겠지만, 지금 내가 말한 것들은 모두 쓸모없는 놀이다. 그런데 아무런 가치도 없는 그런 놀이가 젊은이들의 마음을 사로잡고 있다. 젊은이들은 그런 놀이에 대해 주의 깊게 생각해 보지도 않고 심심풀이 오락쯤으로 생각한다.

네 나이 때 노는 것에 열중하는 것은 당연하고, 놀이에 열중하는 모습이 가장 잘 어울리는 시기이기도 하다. 하지만 젊기 때문에 그만큼 대상을 잘못 선택하거나 그릇된 방향으로 빠지기 쉽다. 요즘 한량처럼 보이는 것이 젊은이들에게 선망의 대상이다. 하지만 과연 그들은 자기가 가야 할 곳이 어디인지 알면서 그렇게 행동하는 것일까? 단순히 악에 물들고 싶어서 무절제한 행동을 되풀이하는 것은 아닐까?

별로 이야기하고 싶지 않은 일이지만, 너에게 참고가 될지 모르기 때문에 부끄러움을 무릅쓰고 나의 체험담을 들려주겠다. 나도 한때는 어리석게도, 나 자신의 흥미와는 상관없이 놀기 좋아하는 한량이 되고 싶었던 적이 있었다. 그렇다. 당시 어리석기 그지없던 나는 한량처럼 보이기 위해 좋아하지도 않는 술을 밤새워 마셨다. 이튿날 아침에 숙취 때문에 고생하면서도 또다시 술을 마시는 악순환을 반복했다. 도박에도 빠졌다.

돈에만 그다지 제약을 받지 않았던 관계로 돈이 필요해서 도박을 한 적은 한 번도 없었다. 본래 도박을 좋아하지 않는 나는 싫증을 느끼면서도 도박이 신사의 필수 조건이라고 생각해서 이에 분별없이 뛰어들었다. 인생에서 가장 충실해야 할 30년을 도박에 끌려 다녔다. 그 덕분에 인생의 진정한 즐거움을 경험하지 못했단다.

설령 그것이 짧은 기간에 그쳤다고 해도 내가 꿈꾸는 모습에 가까이 가기 위해서 얼마나 겉치레에만 열중했는지 생각하면 부끄러울 따름이다. 하지만 그 뒤 그런 어리석은 짓들을 모두 그만두었다. 부끄럽고 두려웠을 뿐 아니라 무서움마저 느꼈기 때문이다. 겉치레뿐인 놀이에 뛰어든 나는 그 대가로 삶의 진정한 즐거움을 빼앗기고 말았다. 재산도 줄어들었다. 건강 역시 나빠졌다. 하지만 이 모두가 하늘이 나에게 내린 벌이라고 생각한다.

어느 정도 선에서 하고 싶은 대로 해라

내 어리석은 체험담에서 깨달음을 얻기 바란다. 내 부끄러운 과거를 거울삼아 네 자신의 참된 즐거움을 찾을 것을 진지하게 당부하고 싶다. 놀이를 즐기되, 그것에 지배당하지는 마렴. 다른 사람이 그렇다고 해서 너도 그렇게 할 필요는 없단다. '나는 어느 누구도 아닌 나 자신이다.'라고 생각하자.

우선 현재 네가 즐기는 놀이가 무엇인지 살펴보고, 그 놀이를 계속해도 좋은지 검토해 보아라. 그 다음에 계속하느냐, 그만둘 것이냐는 네 현명한 판단에 맡기겠다.

만약 지금 내가 네 나이로 돌아갈 수 있다면 어떤 일을 할까? 우선 즐거워 보이는 일이 아니라, 정말로 즐거운 일을 할 것이다.

그 즐거운 일에는 친구와 식사를 하거나 한 잔의 술을 마시는 것도 물론 포함된다. 하지만 과식하거나 과하게 마셔서 고생하지 않을 정도로 절제할 것이다.

스무 살이라면 다른 사람을 의식하면서 살 필요는 없다. 일부러 자신의 흥미를 강요하거나 상대를 비난해 미움을 살 필요도 없다. 남은 남이므로 자기가 하고 싶은 대로 하라고 놔두면 된다. 하지만 자신의 건강만은 철저히 다스리도록 해라. 자신의 건강에 관심이 없는 사람은 어쩔 수 없는 일이지만…….

내가 네 나이라면 카드놀이도 할 것이다. 도박처럼 고통을 받기 위해서가 아니라 즐기기 위한 카드놀이를 할 것이다. 몇 푼의 돈을 걸고 여러 부류의 친구들과 즐겨 보자. 그렇게 해서 환경에 적응하는 것도 중요하다. 다만 카드놀이에 필요한 돈만은 신중하게 생각해야 한다. 이기든, 지든 생활에 지장이 없을 정도로, 약간의 용돈이 축나는 범위 안에서만 즐겨야 한다. 물론 카드놀이를 하면서 이성을 잃고 싸우는 짓은 절대로 하지 말아야겠지.

독서에도 시간을 할애해야 한다. 분별 있는 교양인과 대화할 시간을 남겨 두어라. 될 수 있으면 나보다 우수한 사람이 좋을 것이다. 아울러 사교계의 사람들과도 자주 교류해야 한다. 대화의 내용이 그다지 유익하지 않더라도, 함께 있으면 스스럼없는 기분이 될 수 있고 힘도 솟는다. 게다가 사람을 대하는 태도를 비롯해 보고 배울 점도 많다.

내가 네 나이로 다시 산다면 이렇게 하고 싶다

내가 네 나이에 다시 인생을 시작할 수 있다면, 지금 말한 것처럼 즐기고 싶구나. 내가 말한 모든 것이 분별 있는 것들이라고 생각되지 않느냐? 그리고 이런 것이야말로 진정한 놀이라고 할 수 있지. 즐거움의 의미를 아는 사람은 쾌락에 빠지지 않는다. 이것을 모르는 사람만이 쾌락을 진정한 즐거움이라고 믿는다.

그 증거로, 양식 있는 사람들 중 과연 몇 명이 술 취해 휘청거리는 사람과 친구가 되고 싶겠느냐? 지불할 능력도 없이 큰돈을 도박에 걸었다가 잃어서, 상대방에게 온갖 욕설을 퍼붓는 사람을 누가 상대하고 싶겠느냐? 방탕한 생활 끝에 성병에 걸려 고생하는 사람과 친구가 되고 싶어할 사람이 과연 있겠느냐? 있을 리가 없다. 양식 있는 사람들이 방탕한 생활에 정신을 빼앗기고, 더구나 방탕한 생활을 자랑하는 사람을 받아들일 리 없다. 설령 받아들인다고 해도 흔쾌히 받아들이지 않을 것이다.

진정한 놀이를 아는 사람은 품위를 잃지 않는단다. 적어도 악을 본보기로 삼거나 악에 물들지도 않는다. 불행히 부도덕한 행위를 해야 하는 경우라도, 그는 대상을 고르고, 남들이 모르도록 자연스럽게 할 것이다. 방탕한 생활을 일부러 뽐내지는 않을 것이다.

10. 잘 놀 줄 아는 사람이 되어라

현명한 사람들은 몸과 마음을 건강하게 하는 놀이, 품위를 지키면서 유쾌하게 웃을 수
있는 놀이를 즐긴다. 낮에는 책에서 배우고, 저녁에는 사람으로부터 배우도록 해라.

잘 노는 것도 공부다

내 아들아, 노는 것은 바람직한 일이다. 자신의 놀이를 찾아내어 마
음껏 즐겨라. 하지만 다른 사람을 흉내 내지는 마라. 네 스스로에게
'무엇이 정말로 즐거운가?'를 묻고, 즐겁다고 생각되는 놀이를 해라.

무슨 일에나 손을 내미는 사람이 있게 마련이다. 그런 사람은 아무
런 기쁨도 느낄 수 없다. 진지하게 자신의 일에 몰두하고 그것에서 기
쁨을 찾는 사람만이 놀이에서도 기쁨을 누릴 수 있다.

놀기만 하는 삶은 옳지 않을 뿐더러 아무런 재미도 없다. 날마다 열
심히 일했기 때문에 마음도 몸도 노는 것을 즐길 수 있는 법이다. 뚱뚱
하게 살이 찐 대식가나 창백한 얼굴의 주정뱅이나 혈색이 좋지 않은
호색가는 자신이 하는 것을 제대로 즐기지 못할 것이다. 이런 사람은

거짓 신에게 자신의 정신과 육체를 바치는 것과 다를 바 없다.

어리석은 사람은 쾌락만 추구하고, 쓸모없는 놀이에 몸을 망치는 일이 많다. 그들은 스스로 명예와 품위를 땅에 떨어뜨릴 뿐이다. 반대로 현명한 사람들은 몸과 마음을 건강하게 하는 놀이, 품위를 지키면서 유쾌하게 웃을 수 있는 놀이를 즐긴다. 그들은 즐겁게 놀면서도 자신은 물론 다른 사람들에게도 유익한 시간이 되도록 한다.

현명한 사람은 놀이 자체가 목적이 되어서는 안 된다는 것을 잘 알고 있다. 놀이란 단지 휴식이자 위안이며 보상에 불과하다는 것을 잘 알고 있다.

어떻게든 공부하는 시간만은 만들어라

일과 놀이는 정확하게 시간을 나눠서 해라. 공부나 일, 또는 존경하는 사람과 대화를 나누는 것은 낮 시간에 하는 것이 좋다. 그리고 저녁 식탁에 앉으면 그 다음은 느긋한 마음으로 지내도록 해라. 특별히 급한 일이 아니라면 네가 좋아하는 것을 하며 즐겨라.

마음이 맞는 친구들과 카드놀이를 하는 것도 좋다. 화기애애하고 즐거운 게임을 할 수도 있을 것이다. 다만 잘못해서 싸움이 일어나는 일이 없도록 해라. 연극을 관람하거나 음악회에 가는 것도 좋다. 댄스나 만찬, 친구와 즐겁게 대화를 나누는 것도 좋다. 틀림없이 만족스러운 시간을 보낼 수 있을 것이다.

물론 매력적인 여성에게 뜨거운 시선을 보내는 것도 괜찮다. 다만 그 여성이 너의 품위를 떨어뜨리거나, 나아가 너를 불행에 빠뜨릴 만한 대상이 아니길 바랄 뿐이다. 상대가 너에게 호감을 보이는 것은 네 능력에 달려 있다. 기대해 보겠다.

지금 말한 것들은 분별 있는 사람, 정말로 잘 놀 줄 아는 사람이 즐기는 방법이다. 낮에는 공부, 저녁에는 놀이, 이와 같은 방식으로 시간을 나누도록 해라. 어떤 놀이를 즐기느냐에 따라 장차 훌륭한 사회인으로 인정받는 데 도움이 될 것이다.

낮에는 끊임없이 공부에 집중해라. 그러면 1년 후에는 상당한 지식을 쌓을 수 있을 것이다. 저녁에는 친구와의 교제를 통해 또 다른 지식, 즉 세상에 대한 지식을 얻어라. 낮에는 책에서 배우고, 저녁에는 사람으로부터 배우도록 해라. 이것을 실천하려면 더 이상 빈둥거리며 시간을 헛되게 보낼 틈이 없을 것이다.

나도 젊었을 때 노는 것을 좋아했다. 여러 분야의 사람들과 자주 어울렸다. 때로는 지나칠 정도로 어울리는 때도 있었다. 하지만 어떻게든 공부하는 시간만은 만들었다. 도저히 공부할 시간을 낼 수 없을 때는 잠자는 시간을 줄였다. 그렇다고 해서 다음 날 늦게 일어나지도 않았다. 전날 밤에 아무리 늦게 갔더라도 그 이튿날 아침에는 반드시 일찍 일어났다. 몸이 아팠을 때를 제외하고는 40년이 지난 지금까지 그 습관을 지키고 있다.

이제 너도 내가 "노는 데 시간을 허비하지 마라." "공부할 시간도 부족한데 어디를 놀러 다녀."라고 말하는 완고한 아버지가 아니라는 것을 알았을 것이다. 나는 너에게 나와 같은 생각을 가져야 한다고 강요할 생각은 없단다. 그런 의미에서 아버지라기보다는 네 친구로서 충고하는 것이란다.

11. 한 가지 일에 정신을 집중해라

일단 하겠다고 결심했으면 그 사람이 누구든 눈과 귀를 집중해라. 말하는 것을 한마디도 놓치지 않겠다는, 눈앞에서 일어나는 것은 하나도 빠짐없이 정확하게 보겠다는 마음가짐이 중요하다.

하트 씨로부터 네 칭찬을 들었다

아들아, 얼마 전에 하트 씨로부터 네가 모든 일을 잘하고 있다는 내용의 편지를 받았단다. 그때 얼마나 기뻤는지 아느냐? 하지만 만약 당사자인 네가 느끼는 만족감이나 기쁨이 내가 받은 기쁨의 절반에도 미치지 못한다면, 나는 할 말을 잃어버릴 것이다.

사람은 만족감이나 자부심이 있어야 스스로 공부에 열중할 수 있는 법이란다. 하트 씨의 편지에 따르면, 너는 지금 한창 열심히 공부하는 중일 것 같다. 하트 씨는 네가 공부하려는 자세가 되어 있고, 이해력도 풍부하며 응용 능력도 갖추었다고 하더구나. 이 정도라면 앞으로의 공부는 한결 즐기면서 할 수 있을 것이다. 그리고 그 즐거움도 노력하

58

면 노력한 만큼 더욱 커질 것이다.

집중하지 못하는 사람은 보잘것없는 사람이라는 증거다

너에게 늘 당부하지만, 무슨 일을 할 때는 그것이 어떤 일이든 그것에만 집중해라. 그 밖의 것은 생각지 마라. 이 말은 공부에만 한정된 것이 아니다. 노는 것도 마찬가지다. 그것도 공부와 마찬가지로 온 정신을 집중해서 하기 바란다. 양쪽 모두 열심히 하지 않는 사람은 양쪽 모두에서 발전을 기대하기 어려우며, 어느 한쪽에서도 만족감을 얻을 수 없을 것이다. 그때그때의 일에 마음을 집중하지 않는 사람, 그 외의 것을 머릿속에서 떨쳐 버리지 못하는 사람은 일이나 노는 것을 제대로 하지 못할 것이다.

파티나 회식 자리에서 누군가가 머릿속으로 난해한 수학 문제를 풀려고 애쓰는 장면을 상상해 보아라. 그런 사람은 함께 있어도 즐겁지 않을 것이며, 사람들 사이에서 눈에 뜨게 초라해 보일 것이다. 수학 문제를 푸는 도중 전에 들었던 음악이 자꾸만 귓전에 맴도는 사람을 생각해 봐라. 아마도 그 사람은 훌륭한 수학자가 될 수 없을 것이다. 어떤 일이든 한 번에 한 가지 일에만 집중하면 하루 동안에 여러 가지 일을 할 수 있다. 하지만 한 번에 두 가지 일을 하면 1년이 지나도 시간은 모자라는 법이다.

행정부의 법률 고문을 지낸 스위트 씨를 예로 들어보마. 그는 나라 일을 혼자 도맡아 처리했을 정도로 열심히 일한 사람이다. 하지만 바쁜 사람도 저녁에는 만찬에 초대받아 갈 정도로 시간에 충분했다. 그래서 사람들이 그에게 물었다.

"어떻게 그렇게 많은 일을 하면서도 저녁에 자기 시간을 줄길 수 있습니까?"

스위트 씨는 웃으면서 이렇게 대답했다.

"별로 어려운 일이 아닙니다. 한 번에 한 가지 일을 할 뿐입니다. 그리고 오늘 할 수 있는 일은 절대로 내일로 미루지 않습니다. 그것뿐입니다."

다른 일에 정신을 빼앗기지 않고 한 가지 일에 집중할 수 있는 스위트 씨의 집중력은 대단하다. 이런 일을 할 수 있다는 것이야말로 그가 천재라는 확실한 증거가 아닐까 싶다. 반대로, 침착하지 못하거나 공연히 들떠서 집중하지 못하는 사람은 그가 보잘것없는 사람이라는 증거일 것이다.

상대에게 집중력을 가져라

"하루 종일 바쁘게 일했는데도 잠자기 전에 곰곰이 생각해 보니 아무것도 한 일이 없었다."

이렇게 말하는 사람이 의외로 많다. 이런 사람들은 2, 3시간 책을 읽어도 눈으로 활자를 쫓아갈 뿐, 머리는 다른 곳에 있는 경우가 많다. 따라서 나중에 자신이 무엇을 읽었는지 생각해도 아무것도 기억나지 않는다.

이런 사람은 누군가와 이야기를 주고받을 때도 마찬가지다. 자기 스스로 적극적으로 대화에 참여하려고 하지 않는다. 당연히 이야기하는 상대의 태도에 관심을 두지 않는 것은 물론, 상대가 무슨 말을 하는지 귀담아듣지도 않는다. 그들은 그 자리와는 상관없는 일, 그것도 사소한 일을 생각한다. 아니, 전혀 아무것도 생각하지 않는다고 말하는 것이 옳을 것이다. 그들은 그것은 "미안하네, 다른 일에 정신이 팔려서"라며 얼버무린다. 이런 사람은 극장에 가도 연극은 보지 않고 함께 간 사람들이나 무대 조명에만 신경 쓴다.

너는 이런 사람이 되지 않도록 해라. 사람과 만나고 대화를 나눌 때도, 공부를 할 때도 한 가지 일에 집중하기 바란다. 공부를 할 때는 공부에만 주의를 집중하여, 그 내용이 무엇인지 파악하는 데 열중하도록 해라. 사람과 만날 때는 보는 것과 듣는 것 모두에 주의를 기울이도록 해라. 이것이 중요하다.

어리석은 사람들이 흔히 말하듯이 자기 눈앞에서 일어난 일, 상대방이 말한 내용을 두고 "다른 일을 생각하다 보니 잘 듣지 못했습니다."라고 말하지 마라. 무엇 때문에 다른 일을 생각하느냐? 다른 일을 생각할 정도라면 무엇 때문에 이곳에 와 있느냐? 그렇다면 굳이 여기에 올 필요가 없지 않느냐?

그런 사람들은 사실 그가 변명하는 '다른 일'도 생각하지 않았다. 머리가 텅 비어 있었을 뿐이다. 그들은 노는 것에도 집중하지 않으며, 일에도 집중하지 않는다. 마음이 산란해서 일을 할 수 없다면 놀기라도 하면 좋을 텐데, 그것도 하지 않는다.

어떤 일이든 하려면 열심히 해라. 어중간하게 하려면 하지 않는 편이 훨씬 낫다. 자기가 하는 일에 집중하는 것이 중요하다. 모든 일은 할 가치가 있는가, 없는가 둘 중 어느 한쪽이다. 중간은 없다. 그러므로 일단 하겠다고 결심했으면 그 사람이 누구든 눈과 귀를 집중해라. 말하는 것을 한마디도 놓치지 않겠다는, 눈앞에서 일어나는 것은 하나도 빠짐없이 정확하게 보겠다는 마음가짐이 중요하다.

소설이나 시를 읽는다면 오로지 그 작품 속의 흐름이나 아름다움을 만끽하도록 해라. 절대로 다른 작품에 정신을 빼앗기지 마라. 그리고 책을 읽을 때는 다른 것을 생각하지 말고, 사람들과 대화를 나눌 때는 책에 대한 생각을 하지 마라.

12. 확고한 금전 철학을 가져라

어리석은 사람은 아무 쓸모없는 것에 돈을 허비하기 마련이다. 액세서리 상점에 놓여 있는 장식품이 그렇다. 포장만 화려할 뿐 쓸모없는 물건인데 여기에 정신이 팔려서 파멸의 길을 걷는다.

지혜로운 사람은 돈도, 시간도 낭비하지 않는다

아들아, 너도 이제 어른이 되었구나. 그러니 내가 너에게 돈을 어떻게 보낼 예정인지 설명하겠다. 그렇게 하면 네가 돈을 어디에 사용해야 할지 쉽게 계획을 세울 수 있을 테니까.

나는 네 공부에 필요한 비용이나 사람들과 사귀는 데 필요한 돈은 단 한 푼이라도 아낄 생각은 없다. 공부에 필요한 비용이란, 필요한 책을 살 돈과 우수한 선생님으로부터 배우는 돈을 말한다. 여기에는 숙박비, 교통비, 가이드를 고용하는 비용 등 여행지에서 훌륭한 사람들과 사귀기 위한 비용이 포함될 것이다.

사람들과 어울리는 데 필요한 돈이란 물론 '지적인' 교제에 필요한 돈을 말한다. 불쌍한 사람들에 대한 자선 비용도 포함될 것이다. 신세진 분들에 대한 답례, 앞으로 신세를 질 분들에게 선물하기 위한 비용도 그렇다.

무엇인가를 관람하기 위한 비용이나 유흥비, 친목을 위한 게임에드는 비용, 그 밖의 돌발적인 사태에 대비한 비용 등 사귀는 상대에 따라 써야 할 비용도 각기 다르게 필요할 것이다. 하지만 쓸데없는 싸움 때문에 들어간 돈과 빈둥빈둥 시간을 보내기 위한 돈은 절대로 용납하지 않을 것이다.

지혜로운 사람은 자신의 명예를 손상시키는 돈이나 자기에게 도움이 되지 않는 돈은 쓰지 않는 법이다. 그런 돈을 쓰는 것은 어리석은 사람들뿐이다. 지혜로운 사람은 돈도, 시간도 낭비하지 않는다. 단 한 푼도 헛되게 쓰지 않는다. 자신이나 다른 사람들에게 도움이 되는 것, 지적인 기쁨을 얻을 수 있는 것에 돈을 쓴다.

반면에 어리석은 사람은 아무 쓸모없는 것에 돈을 허비하기 마련이다. 액세서리 상점에 놓여 있는 장식품이 그렇다. 포장만 화려할 뿐 쓸모없는 물건인데 여기에 정신이 팔려서 파멸의 길을 걷는다.

그런 사람은 상점 주인이나 점원도 잘 알고 있어서, 그것이 아무 쓸모없음에도 그에게는 비싼 값에 팔 수 있다고 자신한다.

결국 어리석은 사람은 그들의 농간에 속고 만다. 그가 이미 정신을 차렸을 때는, 그의 주위에 쓸모없는 장식품들만 가득할 뿐 정말로 필요한 것, 마음에 평안을 주는 것은 하나도 없다.

돈을 쓸 때도 금전 철학이 있다

돈을 아무리 많이 가지고 있다 해도 확고한 금전 철학은 필요하다. 동시에 세심한 주의를 기울여 쓰지 않으면 아무리 돈이 많아도 반드시 필요한 물건조차 살 수 없는 일이 발생한다. 이와 반대로 설령 돈이 조금밖에 없어도 자기 나름의 금전 철학을 가지고 주의해서 사용하면 반드시 필요한 물건을 살 수 있는 법이다.

물건을 살 때는 필요하지도 않은데 싸다는 이유만으로 사는 일이 없도록 해라. 그것은 절약도 아무것도 아닌, 낭비일 뿐이다. 이와 반대로 필요하지도 않은데 비싸다는 이유만으로, 즉 자존심을 만족시키기 위해 물건을 사는 것도 좋지 않다.

자기가 산 물건, 지불한 대금은 반드시 노트에 기록하도록 해라. 돈의 출납을 파악하면 돈이 없어 궁색해지는 일이 결코 없을 테니 말이다. 그렇다고 해서 교통비까지 적을 필요는 없다. 그것은 시간 낭비일 뿐이다. 그런 자질구레한 것은 할 일 없는 수전노에게나 맡겨 두도록 해라. 이것은 살림살이에만 한정된 것이 아니라 모든 일에 대해서도 적용할 수 있다. 가치가 있는 것에만 관심을 갖는 것이 중요하다. 쓸데없는 일에까지 관심을 가질 필요는 없다.

지혜로운 사람은 사물을 있는 그대로 받아들인다. 하지만 어리석은 사람은 그렇지 못하다. 그들은 현미경이라도 들여다보듯이 무엇이든 크게 보려고만 한다. 그래서 벼룩이 코끼리처럼 보인다. 조그만 것이 크게 보이기만 한다면 그래도 괜찮다. 문제는 사물을 너무 크게 본 탓에 그 사물을 아예 보지 못한다는 점이다. 몇 푼 되지 않는 돈에 인색하고 그것 때문에 싸움까지 벌이는 사람이 그 좋은 예다. 그 때문에 자신이 수전노라고 불린다는 사실조차 깨닫지 못한다. 이런 사람은 자신에 대해서도 인색하다. 결국 그는 자신의 주변에 있는 소중한 것들을 잃어버리고 만다.

무슨 일이든 '자기에게 맞는 분수'가 있다. 건전하고 건강한 정신을 지닌 사람은, 어디까지가 손이 닿는 범위이고 손이 닿지 않는 범위인지 잘 안다. 그런데 그 한계선이 모호할 경우 분별 있는 사람은 그 한계선을 찾아내지만, 어리석은 사람의 눈에는 좀처럼 보이지 않는다. 너에게도 네 손이 닿는 범위와 닿지 않는 범위가 어느 정도인지 알 수 있는 분별력은 있다고 믿는다. 그 한계선에 항상 유의하기 바란다.

아들아, 내 말을 명심해다오!

CHAPTER 04
인생관이 굳어지기 전에 이런 습관을 가져라

책을 많이 읽어라. 젊을 때는 특히 역사책을,
그리고 여하튼 '밖'으로 시선을 돌려라.

"쓰러진 부모를 모조리 먹어 치우고 힘을 비축하는 사자 새끼처럼
힘차고 용감하게 나를 내버리고 인생에 뛰어들어라." - '정치연설문집'에서

13. 비판적 시각으로 역사를 읽어라

어떤 역사적인 사실에 대해서는 여러 권의 책을 읽고, 거기에서 얻은 정보를 종합해서 네 의견을 갖도록 하는 것이 좋다. 아무리 역사를 보는 시각이 회의적이라도 상식적인 것은 제대로 공부할 필요가 있다. 아니, 역사는 인간이 사회 속에서 살아가는 데 어떤 학문보다도 필요하다.

역사책을 있는 그대로 믿지 마라

아들아, 우리나라 역사에 관한 너의 고찰은 참으로 정확하다고 생각한다. 무엇보다 기쁜 것은 네가 책을 읽을 때, 내용을 파악할 뿐 아니라 그 내용에 대해서 깊이 생각한다는 것을 알았기 때문이다.

책을 읽어도 스스로 판단하지 않고, 쓰여 있는 것을 머릿속에 집어 넣기만 하는 사람들이 많다. 그렇게 하면 정보만 쌓일 뿐, 머릿속은 잡동사니로 가득 찬 창고가 되어, 필요한 것을 그때그때 즉시 끄집어낼 수 없다.

나는 네가 지금처럼 책을 읽고 그 안에서 의미를 찾는 일을 계속하기 바란다. 저자의 이름만으로 책 내용을 단정 짓지 말고 내용이 얼마나 정확한지, 저자의 고찰이 얼마나 옳은지 네 스스로 판단하기 바란다. 어떤 역사적인 사실에 대해서는 여러 권의 책을 읽고, 거기에서 얻은 정보를 종합해서 네 의견을 갖도록 하는 것이 좋다. 우리가 역사를 공부하는 한계는 거기까지라고 생각한다. 유감스럽게도 '역사적 진실'을 밝혀낸다는 것은 불가능하기 때문이다.

역사책을 읽으면서, 그 안에 기록된 역사적 사건의 원인을 글자 그대로 믿지는 마라. 그 사건과 관련된 인물들의 이해관계, 행동을 고려한 다음, 저자의 고찰이 옳았는지, 그 밖의 가능성은 없었는지 스스로 생각하는 것이 중요하다.

그때 그 원인이 비굴하거나 자질구레하더라도 무시하지 마라. 인간은 복잡하고, 모순으로 이루어진 생명체이기 때문이다. 감정은 격렬하게 변하기 쉽고, 의지는 허약하며, 마음은 몸의 상태에 따라 바뀌기 쉽다. 따라서 인간은 늘 한결같지 않으며, 그때그때의 상황에 따라 변한다. 아무리 훌륭한 사람이라도 훌륭한 데가 있다. 쓸모없다고 여기는 사람이라도 그 나름대로 장점이 있으며, 더없이 훌륭한 일을 해낼 때도 있다. 그것이 바로 인간이다.

그런데 역사적 사건의 원인을 밝혀낼 때 우리는 보다 고상한 동기를 찾으려는 경우가 많다. 하지만 역사적 사건의 진정한 원인이란 알고 보면 쉽게 지나치는 사소한 것일 수도 있다.

루터의 종교개혁의 경우, 그의 금전욕이 좌절당한 것이 종교개혁의 원인이었듯이 말이다. 그런데도 역사 분야의 전문가들조차 역사적인 사건뿐 아니라 평범한 사건에까지 정치적 동기를 적용하고 만다. 이것은 여간 우스운 일이 아니다.

인간은 들여다볼수록 모순으로 가득 차 있다. 인간은 자신의 장점에 의해서만 움직이는 존재는 아니다. 현명한 사람이 바보 같은 행동을 할 때도 있고, 바보 같은 사람이 현명한 일을 할 때도 있다. 모순된 감정을 갖고 그것이 계속 바뀌는 것이 인간이다. 그때그때의 몸의 건강 상태, 정신 상태에 따라 변하는 것이 인간이다. 그럼에도 "그 동기가 가능성이 가장 높으니까." "무엇보다 그 동기가 설득력이 있으니까." 하면서 고상한 동기를 갖다 붙이는 것은 잘못이란다.

맛있는 음식을 먹고, 편하게 잠자고, 구름 한 점 없이 맑은 아침을 맞이했다는 이유만으로 영웅으로 대접받던 사람을, 그 이튿날 맛없는 음식을 먹고, 누추한 곳에서 잠을 자고, 게다가 아침에는 비가 내렸다는 이유만으로 비겁한 인간이라고 단정 짓는 경우도 있다. 그렇기 때문에 인간 행위의 진정한 실체는, 아무리 규명하려고 해도 추측의 영역에서 벗어나기 어렵다. 기껏해야 우리가 이러저러한 사건이 있었다는 것만을 알 수 있을 뿐이란다.

시저(BC 100~44, 고대 로마의 군인. 정치가)는 23명의 음모에 의해 살해되었다. 이것은 의심할 여지가 없다. 하지만 이 음모자들이 과연 진정으로 자유를 사랑하고 로마를 사랑했기 때문에 시저를 죽였을까? 그렇다고 자신 있게 말할 수는 없을 것이다. 과연 그것만이 원인이었을까? 그것이 주된 원인이라고 단정할 수 있을까?

70

만약 진상이 밝혀진다면 사건의 주모자인 브루투스(BC 85~42, 고대 로마의 정치가. 군인)조차도 자존심이나 시기, 원망이나 실망과 같은 다른 여러 가지 사적인 동기로 시저를 죽였거나 적어도 그런 동기가 조금은 작용했을지 모른다.

역사를 어떤 사건과 비슷한 사례로 생각하지 마라

회의적이라는 입장에서 볼 때, 역사적 사실 자체까지 의심스럽게 여기는 경우가 종종 있다. 최소한 그 사실과 결부된 배경에 대해서는 거의가 의심스러운 시선으로 본다. 날마다 자기가 경험하는 것을 생각하면, 역사라는 것이 얼마나 신빙성이 약한 것인가를 쉽게 알 수 있을 것이다.

최근에 일어난 사건에 대해서 몇 사람이 증언할 때 그들이 말하는 것은 완전히 똑같은가? 아니다. 잘못 생각하는 사람도 있고, 증언할 때마다 말의 뉘앙스가 달라지는 사람도 있다. 자기 의견을 정확하게 증언하는 사람이 있는가 하면, 마음이 변해 그때그때마다 사실을 왜곡해서 말하는 사람도 있다.

학자에 따라서는 어떤 역사적 사건에 대해 자신의 학설을 강하게 주장하고 싶어하거나, 더러는 그 사건에 대한 자신의 의견을 서둘러 끝내려 할지도 모른다. 따라서 저명한 역사가라는 이름만으로 그가 한 말이 모두 옳다고 생각지 않았으면 좋겠다.

네 스스로 분석하고 판단하도록 해라. 그렇다고 해서 역사는 공부할 필요가 없다는 말은 아니다. 누구나 인정하는 역사적 사실은 존재하고, 사람들의 입에 오르내리며 책에서도 다루는 사건들은 알아두는 것이 좋다. 시저의 망령이 브루투스에게 나타났다고 주장하는 학자들도 있다. 나는 그런 이야기는 전혀 믿지 않는다. 하지만 그런 일이 화제에 오르고 있다는 사실조차 모른다는 것은 부끄러운 일이다.

이 밖에도 저명한 역사가가 그렇게 기술한 것만으로, 어느 누구도 믿지 않는 일을 당연한 것처럼 화제에 올리거나 책에 기록하기도 한다. 따라서 역사를 보는 네 안목이 모자라면 그것을 사실인 양 다른 사람에게 말하게 될지도 모른다.

아무리 역사를 보는 시각이 회의적이라도 상식적인 것은 제대로 공부할 필요가 있다. 아니, 역사는 인간이 사회 속에서 살아가는 데 어떤 학문보다도 필요하다. 다만, 과거에 그랬으므로 현재도 그렇다고 단정하지 마라. 과거의 예를 끌어들여 현재의 문제를 검토하는 것은 좋지만, 그것은 신중을 기해야 한다.

아무리 발버둥을 쳐도 과거에 일어난 사건의 진정한 원인은 알 수 없다. 추측할 따름이다. 과거의 증언은 현재의 증언과 비교하면 훨씬 애매한 법이고, 어쩔 수 없이 시간이 지날수록 신빙성도 희미해지게 된다. 이처럼 과거에 일어난 사건의 원인이 무엇이었는지는 어느 누구도 알 수 없다.

위대한 학자들 중에는 공과 사를 불문하고 비슷하다는 이유만으로 무턱대고 과거의 사례를 끌어오는 경우가 있다. 이것은 어리석은 짓이다. 그들은 생각해본 일도 없겠지만, 역사상 이 세상에 똑같은 사건이 일어난 경우는 없다. 더구나 어떤 역사가라도 사건의 진상을 기록하거나 파악한 사람은 없었을 테니, 그것은 근거로 하는 논쟁은 아무 의미가 없다.

그렇기 때문에 저명한 역사가가 기록한 것이라는 이유만으로 이를 인용하지는 마라. 사건은 저마다 다르므로 개별적으로 파악하도록 해라. 비슷하다고 생각되는 역사적인 사건을 참고하는 것은 좋지만, 어디까지나 참고에 그쳐야지 그것을 판단의 근거로 삼아서는 안 된다.

14. 역사를 깊고 넓게 배워라

그 나라와 관련된 여러 계층의 사람들과 대화를 나눌 기회가 있을 때, 만약 역사와 같은 딱딱한 이야기를 화제로 올릴 만한 능력이 있다면 그것을 시도하는 것도 한 가지 방법이다.

역사를 공부하려면 우선 개요를 파악해라

소중한 아들아, 지나간 역사를 공부하는 것은 더없이 중요한 일이란다. 따라서 일반 사람들이 알고 있는 것처럼 믿을 수 있는 역사가의 책을 읽는 것이 좋다. 그것이 사실이든 아니든 일단 지식으로 알아두는 것이 중요하다.

문제는 역사를 공부하는 방법이다. 너는 어떻게 공부하느냐? 시간과 노력을 정략하기 위해서는 역사적인 사건을 중심으로 공부하고 나머지 것들은 대충 훑어보는 식의 융통성 있는 방법도 있고, 어느 사건이든 중요하게 여겨 똑같이 기억하는 방법도 있다. 하지만 나는 다른 방법을 권하고 싶구나.

우선 나라별로 간단한 역사책을 읽고, 개요를 파악한다. 그것과 병행해서 누가 어디를 정복했고, 어떻게 왕이 바뀌고 정치 체계가 바뀌었는지 등 중요한 사건을 중심으로 뽑아낸다. 그리고 뽑아낸 사건에 관해 자세하게 정리한 논문이나 책을 읽고 철저하게 공부한다. 그때 스스로 깊이 통찰하는 것이 중요하다. 원인을 찾아내어 그것이 어떤 사건을 일으켰는지 깊이 있게 생각하도록 해라.

역사는 그 나라 사람에게 배우는 것도 좋다

네가 궁금해 하는 외국 역사에 관련된 책도 얼마든지 쉽게 구할 수 있다. 그 책들을 통해 역사적으로 중요한 요점을 알고 나면, 이번에는 좀 더 자세하게 다룬 책이 도움이 될 것이다.

이 외에도 각각의 시대와 사건에 대해서 자세히 기록한 역사책이나 정치적인 관점에서 쓴 논문 등 참고가 될 만한 것은 얼마든지 있다. 그중에서 적당히 골라 읽으면 하나의 시대나 사건에 대해서 입체적으로 알 수 있을 것이다.

그 밖에도 그 나라와 관련된 여러 계층의 사람들과 대화를 나눌 기회가 있을 때, 만약 역사와 같은 딱딱한 이야기를 화제로 올릴 만한 능력이 있다면 그것을 시도하는 것도 한 가지 방법이다. 역사에 관심이 없는 사람이라도 자기 나라의 역사를 모른다고는 하지 않을 것이고, 무엇인가 조금은 알고 있을 테니 말이다.

그 사람이 비록 역사책을 한 권밖에 읽지 않았다 해도, 오히려 읽은 것을 자랑스럽게 여기며 너에게 기꺼이 이야기해줄 것이다.

이렇게 해서 얻은 지식은 책에서는 얻을 수 없는 많은 것을 제공해 줄 것이다.

15. 하루 30분 독서 습관을 길러라

우선 내용이 빈약하고 따분한 책에 시간을 할애하지 말기 바란다. 그런 책은 달리 쓸
것이 없는 게으른 저자가 역시 게으르고 어리석은 독자를 겨냥해서 쓴 경우가 많다.

독도, 약도 되지 않는 책은 읽지 마라

아들아, 세상은 한 권의 책과 같단다. 지금 내가 너에게 읽기를 권하고 싶은 것을 바로 이 '세상'이라는 이름의 책이다. 이 책에서 얻는 지식은 지금까지 출판된 책 전부를 합친 지식보다 훨씬 더 많은 도움을 준다. 그러므로 훌륭한 사람들의 모임이 있을 때는 아무리 좋은 책이라도 집에 놓아두고 그 모임에 가는 것이 좋다. 그렇게 하는 편이 공부에 몇 배나 더 도움이 된다.

일이나 오락 등으로 떠들썩하게 살아가더라도, 잠깐 숨을 돌릴 수 있는 시간은 있는 법이다. 그리고 그런 시간에 책을 읽는 것이야말로 더할 수 없는 평안과 기쁨을 안겨줄 것이다. 그 짧은 시간에 충실히 책을 읽으려면 어떻게 해야 좋은지에 대해서 몇 가지 이야기하마.

우선 내용이 빈약하고 따분한 책에 시간을 할애하지 말기 바란다. 그런 책은 달리 쓸 것이 없는 게으른 저자가 역시 게으르고 어리석은 독자를 겨냥해서 쓴 경우가 많다. 주위를 둘러보면 그런 책들이 굉장히 많다. 이런 책은 독으로도, 약으로도 쓸 수 없으므로 손을 대지 않는 것이 현명한 방법이다.

독서 습관은 하루 30분으로 충분하다

책을 읽을 때는 정신을 집중해서 읽고, 그 분야의 책을 읽는 동안에는 다른 분야의 책에는 손을 대지 않도록 해라. 너의 장래를 감안한다면 현대사 중에서도 특히 중요하고 흥미를 끄는 시대를 몇 가지 뽑아서 그것을 순서대로 정리하는 방법은 어떻겠느냐? 우선 네가 한 사건에 초점을 맞추었다고 하자. 그러면 그것에 관한 책 외에는 일체 손을 대지 말고, 믿을 수 있는 역사책이나 문서, 회고록, 문헌 등을 차례로 읽고 비교하도록 해라.

이런 독서법을 연구하기 위해 일부러 몇 시간씩이나 소비하라는 말은 아니다. 좀 더 다른 방법으로 자유로운 시간을 효과적으로 쓸 수 있다면 그것도 좋다. 다만, 책을 읽는다면 한꺼번에 몇 개의 주제를 정리해서 읽기보다는 하나로 압축해서 체계적으로 읽는 편이 능률적이다.

여러 가지 책을 읽는 동안에 내용이 상반되거나 모순되는 경우도 있을 것이다. 그때는 다른 책을 참고하는 것이 좋다. 그것은 핵심에서 벗어나는 것이 아니며, 그렇게 함으로써 오히려 기억을 선명히 하기 때문이다. 또 아무리 책을 읽어도 하나도 이해되지 않을 때가 있다. 그렇지만 같은 책이라도 우연히 정치가들 사이에서 화제가 되거나 논쟁의 대상이 될 때, 그 책이나 그에 관련된 책을 읽거나 그와 연관된 사람들로부터 이야기를 듣는다면, 책만으로는 입체적으로 파악할 수 없었던 사실에 대해 손쉽게 알 수 있게 될 것이다.

그렇게 해서 얻은 지식이 의외로 완벽한 법이다. 그리고 좀처럼 잊히지 않는다. 사건이 일어난 현장으로 찾아가서 직접 이야기를 듣고 오는 것도 그런 의미에서는 좋은 방법이다.

아들아, 사회인이 되면 내가 말하는, 다음과 같이 요약된 몇 가지 방법에 의해서 독서하기 바란다. 첫째, 사회에 첫 발을 내디딘 지금 책을 많이 읽을 필요는 없다. 그보다는 여러 계층의 사람들과 이야기를 나눔으로써 정보를 모으는 편이 낫다. 둘째, 너에게 아무런 도움도 되지 않는 책은 더 이상 읽지 말도록 해라. 셋째, 한 가지 주제로 압축해서 그것에 관련된 책을 읽도록 해라. 이와 같은 항목을 지킨다면 하루 30분의 독서로도 충분할 것이다.

16. 눈과 귀와 말로 배워라

여행을 해도 정작 관심을 가져야 할 것에 주의를 기울이지 않은 채 '다음 갈 곳이 여기서 얼마나 떨어져 있지?', '다음 숙소는 어디로 정하지?' 따위에만 골몰하는 사람은 아무것도 얻지 못한 채 돌아갈 것이다.

여행에는 자세히 보아야 할 것과 그냥 지나쳐도 좋은 것이 있다

보고 싶은 아들아, 만약 이 편지가 무사히 너에게 도착할 때면 너는 아마 베니스에서 로마로 갈 준비를 할 것이다. 하트 씨에게 편지로 부탁한 것처럼, 로마까지는 아드리아 해 연안의 리미니, 로레토, 앙코나를 지나가는 것이 좋겠구나.

어느 곳이든 들러볼 가치가 있다. 그 일대에는 고대 로마의 유물, 이름이 널리 알려진 건축물과 회화, 조각 같은 것이 많다. 어느 것도 소홀함 없이 주의 깊게 보기 바란다. 겉모습만 봐도 충분한 것들은 그다지 많은 시간을 할애하지 않아도 될 것이다. 하지만 자세히 보아야 할 것이 있다면 좀 더 많은 시간과 주의를 기울이기 바란다.

요즘 젊은이들은 경박하고 무슨 일에나 무관심해서, '보아도 보이지 않고, 들어도 들리지 않는' 경우가 많다고 한다. 겉모습만 보거나 주의를 기울이지 않고 듣는다면, 애당초 보거나 듣지 않는 편이 오히려 나을 것이다. 그런 점에서 네가 쓴 편지를 보니 너는 여행하는 곳마다 자세히 관찰하고, 여러 가지 의문을 품고 있구나. 이것이야말로 외국 생활의 참다운 목적이라고 할 수 있다.

여행을 해도 정작 관심을 가져야 할 것에 주의를 기울이지 않은 채 '다음 갈 곳이 여기서 얼마나 떨어져 있지?', '다음 숙소는 어디로 정하지?' 따위에만 골몰하는 사람은 아무것도 얻지 못한 채 돌아갈 것이다. 그는 역사적인 건물의 첨탑이나 시계, 호화로운 저택을 보고 탄성만 지를 뿐이다. 그 정도라면 집에서 편하게 쉬는 편이 더 낫다.

이와는 달리 어디를 가더라도 그 나라의 정세나 다른 지역과의 관계, 약점, 교역, 특산물, 정치 체제, 법률 등을 제대로 관찰하고 오는 사람들이 있다. 그 나라의 훌륭한 사람들과 친밀하게 지내고, 그 나라 특유의 예의범절이나 인간성을 제대로 이해하고 오는 사람들도 있다. 이들이야말로 여행의 진정한 의미를 아는 사람들이다. 그리고 이런 사람들이야말로 더욱 현명해져서 돌아오기 마련이다.

모르는 것이 있으면 그 분야의 사람에게 물어라

로마는 인간의 감정이 생생하게 표현되어 있는 곳이고 그것이 예술로 승화된 도시다. 그런 도시는 좀처럼 찾아보기 어렵다. 따라서 로마에 머무는 동안 바티칸 궁전이나 판테온을 보는 것만으로 만족하지 말기 바란다.

1분 동안 보더라도 열흘 동안 그에 관련된 여러 가지 정보를 수집하기 바란다. 로마 제국의 본질, 권력의 흥망성쇠, 궁정의 정책, 추기경의 책략, 교황 선출의 뒷이야기 등 절대적인 힘을 자랑한 로마 제국의 내면에 관한 것이라면 무엇이든 좋다. 무엇이든 파고들도록 해라.

어느 나라나 지역이나 그 특유의 역사나 현재 상황을 간단하게 소개한 안내 책자가 있다. 그것을 먼저 읽는 것이 좋다. 부족한 부분도 있겠지만 지침은 될 것이다.

좀 더 자세하게 알고 싶다면 그곳 사람들에게 물어보도록 해라. 모르는 점이 있다면 그것을 잘 아는 사람들에게 물어보는 것이 최선이다. 안내 책자에 아무리 자세하게 기록되어 있어도 그 안에서 완벽한 정보를 얻기는 어려운 법이다.

그 나라의 현황을 상세하게 해설해 놓은 책은 많지만 어떤 책도 정보로서는 완전하지 못하다. 그것은 제 나라의 현황에 그다지 정통하지 못한 사람들이 역시 자신과 같은 부류의 사람이 쓴 책을 베껴 썼기 때문이다. 그렇다고 해서 읽을 가치가 전혀 없는 것은 아니다. 나름대로 읽을 만한 가치는 있다. 읽으면 모르고 있던 사실을 알 수 있기 때문이다. 다시 말해 그 책을 읽지 않았다면 그곳을 무심히 지나칠 것이 분명하기 때문이다.

모르는 것이 있다면 1시간이라도 좋으니 그 분야에 밝은 사람에게 질문하도록 해라. 의회에 대한 것이라면 국회의원을 직접 찾아가 물어보는 것도 좋다. 그러면 입법 활동에 관한 책을 읽어도 알 수 없었던 의회의 내부 사정을 조금은 알 수 있을 테니 말이다.

만약 군대에 대한 지식이 필요하다면 군인에게라도 물어보면 된다. 어떤 사람이라도 자기 직업에 특별한 애착을 갖게 마련이므로, 자기 직업에 대해 이야기하는 것을 싫어하지 않을 것이다. 더구나 자기 직업에 관련해서 질문을 받으면 신이 나서 친절하게 알려줄 것이다.

그러므로 어떤 모임에서 군인을 만난다면 훈련 방법, 야영 방법, 군복의 배급 방법이나 급료, 검열, 야영지 등 알고 싶은 것은 무엇이든 물어보는 것이 좋다.

알아두어서 손해가 될 것은 아무것도 없다. 네가 고국(영국)으로 다시 돌아왔을 때 타국에서 몸에 익힌 외국 정보가 너를 얼마나 돋보이게 할지, 실제로 네가 외국 사람과 교섭할 때 얼마나 큰 도움이 될지 생각하려무나. 상상 이상일 것이라고 나는 생각한다.

실제로 이 분야에 정통한 사람은 현재 거의 찾아보기 어렵다. 개척 분야이기 때문에 네가 하는 만큼 큰 도움이 될 것이다.

17. 다른 나라를 존중하고 받아들여라

그 나라의 여러 곳을 방문하고 존경받는 사람들과 교제함으로써 너는 그 나라 사람이 될 것이다. 그렇게 되면 너는 이미 영국 사람이 아니다. 프랑스 사람도 아니다. 이탈리아 사람도 아니다. 세계인이다.

다른 나라에서 여러 사람을 사귀는 것도 좋다

아들아, 하트 씨의 편지에는 언제나 너에 대한 칭찬이 가득하구나. 이번 편지에는 특히 반가운 사연이 적혀 있더구나. 로마에 있는 동안 네가 이탈리아 사회와 어울리려고 노력했다고 하니 아버지로서 매우 기쁘구나. 이처럼 네가 분별 있게 행동하니, 내가 너를 외국에 보낸 의미가 더욱 빛나는구나.

네가 내 취지를 잘 이해해서 대단히 기쁘단다. 세계 여러 나라 사람들과 사귀는 것이 한 나라 사람만 아는 것에 만족하는 것보다 훨씬 낫다. 어느 나라에 가더라도 이 분별 있는 행동을 멈추지 말기 바란다.

외국에 있는 동안 그 나라 사람들과 친밀하게 지내기 바라고, 특히 그 나라의 노신사에게서 네 인생의 좋은 본보기를 삼고, 젊은 사람들과 함께 즐겁고 유익하게 어울리는 법을 배우기 바란다.

그 나라만의 관습을 몸으로 익혀라

아무리 좋은 외국 생활이라도, 일주일이나 열흘 정도 머무르면서 지식을 쌓거나 그 나라 사람들과 어울리지는 못할 것이다. 상대방 역시 그처럼 짧은 기간으로는 너와 사귀는 일을 거부할 것이다. 하지만 몇 개월 동안 체류하는 경우에는 이야기가 달라진다. 그 나라 사람들과 친밀해질 시간이 충분하니까 말이다. 당연히 '다른 나라 사람'이라는 선입견이 없어지게 된다. 이것이 외국 생활의 진정한 맛이다.

어디를 가든 그들과 함께 하고, 그 사회에 끼어들어 그 나라 사람들의 진정한 모습을 접하도록 해라. 이것이야말로 그 나라의 관습과 예절, 다른 나라에는 없는 그 나라만의 특징을 아는 유일한 방법이라고 생각한다. 이것은 단 30분 정도의 형식적인 관광으로는 얻을 수 없는 것들이다.

세계 어디를 가더라도 사람이 지닌 특징은 같지만 그것을 표현하는 방법은 각기 다르다. 그것은 지역과 환경에 따라 독특한 형태를 지닌다. 외국 생활이란 그 갖가지 모습을 직접 보고 듣고 느끼는 확실한 방법이다.

가령 예의는 세계 어느 나라 사람이든 지니고 있다. 하지만 예의를 표현하는 방법은 나라마다 다르다. 아무리 지혜롭고 분별력 있는 사람이라도 그 나라 특유의 예의범절을 제시해 보일 수는 없다. 그것을 할 수 있는 것은 실제로 그 나라에 가서 눈으로 보고 몸으로 경험한, 실제 사회에 정통한 사람들뿐이다. 예의범절은 이성이나 분별로는 설명할 수 없는 것, 우연히 만들어진 것임을 부인할 수는 없다. 하지만 그것이 그곳에 분명히 존재하는 이상 그것에 따라야 할 것이다.

모든 나라에는 저마다 독특한 관습이 있다. 하지만 중요한 것은 상식을 지키면서 관습을 따라야 한다는 점이다. 상식은 우리에게 예의를 지키도록, 상대방에게 좋은 인상을 주도록 명령한다. 그렇지만 시간과 장소, 사람에 따라 어떻게 예의를 갖추어야 하는가는 실제로 눈으로 보고 몸으로 익히지 않는 한 알 수 없다. 이것을 기억해 두는 것이 외국에서 올바르게 생활하는 방법이다.

세계 여러 나라 사람을 사귀면 세계인이 된다

분별 있는 사람은 어디를 가든 그 나라의 풍습을 배우고 그것을 따르려고 한다. 전 세계 어디를 가도 그렇게 할 필요가 있다. 도덕적으로 용납되지 않는 일이 아니라면 어떤 것이든 따르는 편이 좋다. 이때 가장 도움이 되는 것이 적응력이다. 적응력이란 그 장소에 알맞은 태도를 결정할 수 있는 힘을 말한다. 진지한 사람에 대해서는 진지한 얼굴로 대할 수 있고, 쾌활한 사람에게는 밝게 행동하고, 보잘것없는 사람에게도 친절히 상대하는 것, 이런 능력을 몸에 익히도록 노력하기 바란다.

그 나라의 여러 곳을 방문하고 존경받는 사람들과 교제함으로써 너는 그 나라 사람이 될 것이다. 그렇게 되면 너는 이미 영국 사람이 아니다. 프랑스 사람도 아니다. 이탈리아 사람도 아니다. 세계인이다. 여러 나라의 좋은 풍습을 겸허하게 받아들여, 파리에서는 프랑스 사람, 로마에서는 이탈리아 사람, 그리고 런던에서는 영국 사람이 되도록 해라.

그런데 너는 이탈리아어가 서툴러 고생하는 것 같더구나. 그러나 너 스스로는 깨닫지 못하겠지만, 내가 보기에 너는 이탈리아어를 제대로 이해하고 있다. 사전 따위는 들춰볼 필요도 없을 정도라고 생각한다. 다만 숙어나 관용구, 미묘한 표현 등은 현지 사람들과 대화를 나누면서 해결하도록 해라. 상대방의 말을 주의해서 들으면 그런 것은 금방 몸에 익힐 수 있단다.

무슨 말을 어떻게 해야 할지 걱정하지 말고 사람들에게 먼저 이야기를 걸어 보아라. 갓 배운 외국어라도 "안녕하십니까?"라는 인사말부터 시작하면 된다. 그렇게 반복하는 동안 너도 모르게 그 나랏말에 능숙해질 것이다.

여러 말을 했다만, 너를 외국에 보낸 것은 이런 것을 몸에 익히길 바랐기 때문이다. 어디를 가든 관광만으로 만족해하지 말고, 그 나라의 깊은 곳까지 똑똑히 보고 돌아오기 바란다. 현지 사람들과 친하게 사귀고 그 나라의 관습과 예의범절을 배워 오기 바란다. 또 현지의 언어를 배우기 바란다. 그렇게만 해준다면 내 고생도 보상을 받는 셈이다.

CHAPTER 05
자신만의 생각을 길러라

자기 주장이 없는 사람은 절대로 뻗어나갈 수가 없다.
판단력과 표현력을 몸에 익혀라.

"사람에 따라서는 학문에만 너무 시간을 소비하는 탓으로
진실을 알 여유가 없다." —탈무드

18. 남의 생각으로 좋고 나쁨을 결정하지 마라

확고한 신념을 가진 사람은 일반론 같은 것에 의존하지 않더라도 자기가 하고 싶은 말은 분명히 하는 법이다. 쓸모없는 일반론은 제쳐두고, 굳이 그것을 끄집어내지 않더라도 충분히 즐겁고 유익한 화제를 제공할 수 있다.

누구나 꺼내드는 일반론을 경계하렴

아들아, 이 편지가 도착할 무렵이면 너는 벌써 라이프치히에 돌아와 있겠구나. 드레스덴에서 본 궁정 사회에 대한 네 첫인상은 어떻더냐? 너는 현명하니 축제 기분은 그곳에 버려두고 공부에 열중하고 있으리라 믿는다.

만약 궁정이 네 마음에 들었다면, 공부를 해서 지식을 쌓는 것이 사람들에게 인정받을 수 있는 가장 빠른 지름길이라는 것을 명심하기 바란다. 지식도, 덕도 없는 궁정인이란 꼴불견이니, 그들은 불쌍한 사람들이다. 그에 반해 지식과 덕이 있고, 기품과 겸손한 태도를 몸에 지닌 사람들은 더없이 훌륭하다. 너도 그것은 목표로 삼도록 해라.

흔히 궁정은 '거짓말과 허위의 집단, 겉과 속이 전혀 다른 세계'라고 일컫는다. 과연 그럴까? 나는 그렇게 생각하지 않는다. 힘주어 말하고 싶은데, 애당초 '일반론'이 들어맞는 경우는 거의 없었다. 분명히 궁정은 거짓말과 허위의 집단이고 겉과 속이 전혀 다른 경우도 있다. 하지만 그것은 궁정에 한정된 이야기는 아니다. 이 세상에 그렇지 않은 곳이 있다면 나 역시 알고 싶구나. 농부들이 모이는 헛간도 이와 비슷하지 않을까? 다르다면 예의범절이 다소 거칠다는 정도일 것이다.

아무리 시골 사람들이 순박하고 거짓말과 허위를 모르는 사람들이라 해도, 궁정 사람들은 위선 덩어리라 말해도, 또 단순하고 어리석은 사람들이 그것을 아무리 믿는다고 해도 진실은 변하지 않는 법이다. 양치기도, 궁정인도 똑같은 사람이다. 마음에 느끼는 것, 생각하는 것에는 다를 바가 없다. 다만 방법이 조금 다를 뿐이다.

확고한 신념을 가진 사람은 유쾌하고 재치도 넘친다

일반론을 주장하거나 옳다고 인정하는 일에는 신중하기 바란다. 대체로 일반론을 들고 나오는 사람들은 자만심이 강하고 교활한 경우가 많다. 현명한 사람은 그런 것을 앞세우지 않는다. 교활한 사람이 일반론을 내세우는 것을 보면, 그것에 의존해야만 하는 그의 빈곤한 지식을 불쌍히 여겨라.

이 세상에는 국가나 직업 등에 대한 여러 가지 일반론이 떠돌고 있다. 그중에는 옳지 않은 것도 있고 옳은 것도 있다. 하지만 대체적으로 보면, 자신의 견해를 갖지 못한 사람이 일반론이라는 케케묵은 장식품을 몸에 두른 채 남의 시선을 끌려고 한다.

나는 그런 사람이 웃음을 이끌어 내려고 일반론을 들먹이면 일부러 위엄 있는 표정을 하고, "그렇습니까? 그래서요?" 하며 상대에게서 그 뒤를 잇는 무슨 말이 나오길 요구한다. 그러면 자신감 없고 농담밖에 달리 의지할 것이 없는 그는 다음 말을 잇지 못한 채 난처한 표정을 지으며 우물쭈물하고 만다.

결국 확고한 신념을 가진 사람은 일반론 같은 것에 의존하지 않더라도 자기가 하고 싶은 말은 분명히 하는 법이다. 쓸모없는 일반론은 제쳐두고, 굳이 그것을 끄집어내지 않더라도 충분히 즐겁고 유익한 화제를 제공할 수 있다. 결국 그런 사람은 야유와 일반론에 기대지 않고도, 상대방을 따분하게 만들지 않을 뿐더러 말에 재치가 넘치는 법이다.

19. 자신의 두뇌를 믿어라

판단력이 올바르지 못하면 지식이 많아도 '건방지다'거나 '유식한 척한다'는 엉뚱한 험담을 듣기 쉽다. 지식은 조용히 주머니 속에 넣어두고, 자랑하고 싶어서 자주 주머니에서 꺼내거나 다른 사람에게 애써 보여주려고 하지 마라.

지식이 풍부하면 함정에 빠지기도 쉽다

아들아, 너는 아느냐? 사람은 누구에게나 장점이나 덕이 있는 반면 단점이나 부도덕함 역시 지니고 있단다. 따라서 발을 잘못 내디디면 생각지도 못한 잘못을 저지를 수 있다. 관대함이 지나치면 자만심을 키운다. 절약은 자칫 인색함이 되고, 용기는 만용이 되기 쉬우며, 신중함은 옹졸함이 되기도 한다. 그렇게 생각한다면 결점이 없도록, 부도덕한 행위를 하지 않도록 주의해라.

부도덕한 행위를 보면 얼굴을 돌리게 되고, 깊이 관여하고 싶은 생각이 일지 않는다. 반면에 도덕적인 행위는 그 자체가 아름답다. 따라서 처음에 보았을 때부터 마음을 빼앗기고, 보면 볼수록, 알면 알수록 거기에 빠진다. 그리고 너 자신도 그 아름다움에 취한다.

올바른 판단이 필요한 것은 바로 이때다. 도덕적 행위를 도덕적 행위로 계속 이어가기 위해서는, 그리고 장점을 끝까지 장점으로 이어가기 위해서는 정신을 잃으려는 너 자신에게 채찍질을 가해라.

이런 이야기를 굳이 꺼낸 이유는, '지식이 풍부'한 만큼 함정에 빠지기도 쉽다는 것에 대해 말하고 싶기 때문이란다. 판단력이 올바르지 못하면 지식이 많아도 '건방지다'거나, '유식한 척한다'는 엉뚱한 험담을 듣기 쉽다. 너도 언젠가는 많은 지식을 축적하겠지. 그때를 대비해 보통 사람들이 빠지기 쉬운 함정에 빠지지 않도록 지금부터 주의하는 것도 나쁘지 않을 것이다.

지식을 자랑하면 미움을 산다

지식이 풍부한 사람은 거기에 너무 자신만만한 나머지 남의 의견에 제대로 귀를 기울이지 않는 경우가 많다. 그리고 일방적으로 판단을 강요하거나 멋대로 결정한다. 이 경우 결과가 어떻겠느냐? 그렇다. 강요당한 사람들은 모욕당하고 상처를 입었다고 생각해서 순순히 따르려 하지 않을 것이다. 분노를 느끼고 반항할 것이다. 심한 경우에는 법적인 소송을 걸기도 할 것이다.

이것을 피하려면 지식이 쌓일수록 겸손해야 한다. 확신이 서는 문제에 대해서도 확신이 없는 것처럼 항상 겸손한 자세를 유지하는 것이 좋다. 자신의 의견을 말할 때도 딱 잘라 말하지 않는 것이 좋은데,

상대방을 설득하고 싶다면 그의 의견에 귀를 기울이기 바란다. 이렇게 배움이 깊고 넓을수록 그만한 겸허함이 필요한 법이다.

만약 네가 "저 사람은 유식한 체해서 꼴불견이야."라는 이야기를 듣고 싶지 않다면, 그렇다고 무식하다고 욕을 먹는 것도 싫다면 가장 좋은 방법은 지식을 자랑하지 않는 것이다. 주위 사람들과 동등하게 이야기하고, 꾸미지 말고 순수하게 내용만 분명하게 전달하는 것이 좋다. 주위 사람보다 조금이라도 잘난 것처럼 보이거나 지식이 있는 것처럼 보이려고 하지 마라.

지식은 조용히 주머니 속에 넣어두고, 자랑하고 싶어서 자주 주머니에서 꺼내거나 다른 사람에게 애써 보여주려고 하지 마라. 필요할 때만 대답하면 된다. 굳이 묻지도 않는데 알려줄 필요는 없다.

학문은 몸에 달고 있지 않으면 거추장스러우면서도 도움이 되는 장식품과 같다. 몸에 달고 있지 않으면 다른 사람들에게 창피를 당하기 쉽다. 하지만 내가 지금 말한 것처럼 잘못을 저질러서 다른 사람들에게 욕을 먹는 일이 없도록 항상 주의하기 바란다.

20. 올바른 판단력을 길러라

인간은 칭찬을 받으면 기뻐한다'는 것을 발견하고, 자신도 그것을 실천하려고 하지만 그 방법을 모른다. 따라서 아무에게나 무턱대고 칭찬할 수밖에 없다. 세상에서 격리되어 혼자 연구실에 틀어박혀 있는 자신만만한 학자는 그것을 모른다. 이것은 머리로 생각해서 알 수 있는 일이 아니다.

책만 읽고 사람들과 어울리지 않으면 학자 바보가 된다

아들아, 오늘은 무척 피곤했단다. 아니 혼났다고 해야 할 하루였다. 먼 친척인, 학식이 풍부한 신사 한 분이 나를 찾아왔고 우리는 함께 식사를 하면서 저녁 한때를 보냈다. 이렇게 말하면 "오히려 즐겁게 지내지 않으셨나요?" 하고 반문할지 모르지만 전혀 그렇지 않았다.

이 사람은 예의도 모르거니와 제대로 말할 줄도 모르는 '학자 바보'였다. 흔히 잡담을 '근거 없고 쓸모없는 이야기'라고 부르는데, 이 사람의 이야기는 모두 근거 있는 이야기들뿐이었다. 정말 지루했다. 무던한 잡담이라면 오히려 고마웠을 텐데. 아마도 그는 오랫동안 연구실에 틀어박혀 여러 가지 문제에 대해서 고민을 거듭한 끝에 자기

주장을 확립한 것이리라.

그는 말끝마다 자기주장을 끄집어내고는 내가 조금이라도 그것에서 벗어난 말을 하면 눈을 부릅뜨고 화를 냈다.

분명히 그의 주장은 모두 그럴 듯했다. 하지만 유감스럽게도 현실성이 결여돼 있었다. 왜 그런지 알겠느냐? 책만 읽고 사람들과는 어울리지 않았기 때문이다. 학문에는 정통하지만 사람에 대해서는 아는 바가 전혀 없었기 때문이다.

자신의 생각을 말로 표현할 때는 보기에도 딱할 정도였다. 말이 입에서 좀처럼 나오지 않는 모양이었다. 말이 나왔는가 싶으면 곧 끊어지곤 했다. 더구나 그 말은 무뚝뚝하기 짝이 없고, 동작은 촌스러웠다. 나는 절실히 느꼈다. 아무리 학식이 풍부하더라도, 이런 사람과 이야기할 바에는 세상일을 잘 모르는 교양 없고 말 많은 여자와 이야기하는 편이 훨씬 나을 것이라고…….

연구실에만 있지 말고 인간에 대해 배워라

현실을 모르는 사람이 휘두르는 이론은, 세상은 그렇게 이론대로 움직이는 것이 아니라는 것을 알고 있는 사람을 지치게 한다. 그런 사람은 "세상은 그런 것이 아니야." 하고 끼어들고는 자기의 주장만 내세우고, 게다가 상대방의 이야기에는 귀도 기울이지 않을 것이다.

그럴 만도 하다. 상대방은 누구나 알 만한 명문 대학에서 몸에 녹이 슬도록 연구에만 매달렸으니 말이다. 그는 인간의 두뇌, 마음, 이성,

의지, 감정, 감각, 감상을 비롯해 보통 사람이 생각조차 할 수 없는 곳까지 세분화하여, 사람을 철저하게 연구하고 분석해서 자기 학설을 확립했다. 그러니 그렇게 쉽게 물러날 리가 없다. 자기가 옳다고 생각하는 것도 당연한 일이다.

나는 그것은 그것대로 훌륭한 일이라고 생각한다. 다만 곤란한 것은 그가 실제로 사람을 관찰한 일도 없고, 마주앉아 진지하게 이야기를 나눈 일도 없기 때문에 세상에는 수많은 부류의 사람이 있다는 것, 여러 가지 관습과 편견, 취미가 있다는 사실을 모른다는 점이다. 곧 인간에 관해서는 완전히 무지하다는 점이다.

연구실에서 '인간은 칭찬을 받으면 기뻐한다'는 것을 발견하고, 자신도 그것을 실천하려고 하지만 그 방법을 모른다. 따라서 아무에게나 무턱대고 칭찬할 수밖에 없다. 그렇게 하면 어떤 결과가 나타나는지는 너도 쉽게 상상할 수 있을 것이다. 칭찬이라고 여긴 말이 그 상황과 전혀 맞지 않거나 정확하지 않거나 어색한 것이라면 차라리 아무말도 하지 않는 편이 낫다.

그들의 머릿속은 자신이 하고 있는 일로 가득 차 있어서 주위사람이 현재 어떤 상황에 있는지, 어떤 말을 하는지조차 알지 못한다. 또 그런 데에 관심을 가질 생각조차 없다. 그래서 앞뒤 생각 없이 칭찬하고 만다. 칭찬을 받은 사람이 어리둥절하고 당황해, 그가 다음에는 또 무슨 말을 할까 불안해하는 것도 무리가 아니다.

세상과 어울리지 않는 세상을 한 가지 색깔로만 본다

현실을 모르는 학자에게는 프리즘을 통해 빛을 볼 때처럼 사람이 몇 가지 빛깔로 나뉘어 보인다. '이 사람은 이 빛깔, 저 사람은 저 빛깔' 하는 식으로 말이다.

그런데 경험이 풍부한 염색 기술자는 다르다. 빛깔에는 명도가 있고 채도가 있다는 것을 알고 있다. 그는 한 가지 색깔로 보여도 사실은 여러 가지 빛깔이 혼합되어 있다는 것을 알고 있다.

애당초 한 가지 빛깔만으로 된 사람은 없다. 약간은 다른 색깔이 섞이거나 그림자가 들어가 있기도 하다. 그뿐만이 아니다. 비단이 빛을 받는 정도에 따라 여러 빛깔로 변하는 것처럼 상황에 따라서 다른 빛깔로 변하는 것이 사람이다. 이런 일은 누구나 다 알고 있다.

하지만 세상에서 격리되어 혼자 연구실에 틀어박혀 있는 자신만만한 학자는 그것을 모른다. 이것은 머리로 생각해서 알 수 있는 일이 아니다. 따라서 공부한 것을 실천하려고 해도 뒤죽박죽이고, 마음대로 되지 않는다.

사람들이 춤추는 것을 본 적이 없는 사람이나 춤을 배워본 적이 없는 사람은, 아무리 악보를 읽을 줄 알고 멜로디나 리듬을 이해할 수 있다고 해도 춤을 출 수 없는 것과 마찬가지다.

반면에, 자기 눈으로 보고 귀로 들어 세상을 아는 사람들은 전혀 다르다. 그들은 언제, 어디서, 어떻게 칭찬을 하면 좋은가를 제대로 터득하고 있다. 환자의 체질에 맞게 처방할 수 있는 것이다.

그들은 직접 칭찬하는 일이 좀처럼 없다. 완곡하게 비유적으로, 아니면 암시적으로 칭찬한다.

몸으로 부딪혀야 진짜 공부다

너는 지식과 인격이 뒤떨어진 사람들이 뛰어난 사람들을 상대로 그들이 눈치 채지 못하도록 교묘히, 그들을 조종하는 것을 본 적이 있느냐? 지금까지 나는 그렇게 행동하는 사람들을 여러 번 보아 왔다. 이런 일이 가능한 것은 세속적인 지식에 밝은 열등한 사람이, 반대로 지식과 인격은 있지만 현실에 어두운 사람들의 맹점을 이용하기 때문이다.

자기 눈으로 보고 관찰하고 실제로 체험해서 세상일을 아는 사람은 단순히 책을 통해 세상을 보는 사람과는 근본적으로 다르다. 그것은 잘 길들여진 말이 당나귀보다 훨씬 쓸모가 있는 것과 같다.

너는 이제 지금까지 공부해온 것, 보고 느낀 것을 종합하여 네 나름대로 판단해서 네 인격이나 행동 양식, 예의범절을 확립해야 할 시기가 되었다. 그 다음에는 세상을 알고 그에 따라 더욱 갈고 닦기만 하면 된다. 그런 의미에서 세상에 관해 쓴 책을 읽는 것은 바람직한 일이다.

책에 쓰인 내용과 현실을 비교하면서 공부하면 더 많은 도움이 될 것이다. 공부 시간에 행복에 관한 격언을 읽고 깊이 고찰했다면, 그것을 다른 사람들에게 적용하는 것이 좋다.

책에는 인간의 심리나 감정의 동요를 비롯해 여러 가지 지식이 담겨 있다. 그것을 미리 읽어두는 것이 좋다. 하지만 거기서 끝내서는 안 된다. 실제로 사회에 나가 직접 관찰하지 않으면 모처럼 얻은 지식도 살아나지 못한다. 오히려 그릇된 방향으로 가기 쉽다. 그것은 방 안에서 세계 지도를 펼쳐 놓고 눈을 부릅뜨며 노려보아도 세계에 대해서 전혀 아는 것이 없는 것과 같다.

21. 상대를 잘 설득해라

'도대체 그 사람들은 무엇을 이야기한 것일까.' 하고 곰곰이 생각하니, 놀랍게도 연설 내용도 별로 없고 그들의 주장에도 설득력이 부족했다. 청중은 그들의 연설 내용보다는 그 내용을 표현하는 연설 방법에 매료된 것이다.

내가 달력을 개정하기 위해 행동으로 옮긴 이야기

아들아, 오늘은 너에게 영국에서 율리우스력을 그레고리오력으로 개정하기 위한 법안을 상원에 제출했을 때 생겼던 일에 대해서 자세히 이야기하겠다. 틀림없이 너에게 참고가 될 것이다.

율리우스력이 태양력을 11일이나 초과하는 정확하지 못한 달력이라는 것은 누구나 아는 사실이었다. 그것을 개정한 사람은 그레고리우스 13세로, 그레고리오력은 그 즉시 당시 유럽의 가톨릭 국가에 채택되었고, 뒤이어 러시아와 스웨덴, 영국을 제외한 모든 프로테스탄트 국가에 받아들여졌다.

나는 유럽의 주요 국가들이 그레고리오력을 쓰면서도 잘못된 점이 많은 율리우스력을 여전히 함께 사용하고 있다는 것은 불명예스러운 일이라고 생각했다. 나 외에도 외국을 자주 왕래하는 정치가나 무역상 등 율리우스력의 불편함과 곤란함을 느끼는 사람들이 많이 있었다. 그래서 나는 달력을 개정하기 위해 행동하기로 결심했다.

연설은 논리정연한 것보다 듣는 사람들이 즐거워야 한다

우선 뛰어난 법률가와 천문학자 몇 사람의 협력을 얻어 법안을 작성했다. 고생이 시작된 것은 여기서부터다. 당연한 일이지만, 법안에는 법률 전문 용어와 천문학적인 계산이 담겨 있었다. 그리고 그것을 제안하기로 한 사람은 그 어느 학문에도 밝지 못한 나였다.

법안을 통과시키려면 나에게도 어느 정도의 지식이 있다는 것을 의회 사람들에게 알릴 필요가 있었고, 나와 마찬가지로 이런 일에 밝지 못한 의원들을 조금이라도 이해시킬 필요가 있었다.

나에게 천문학을 설명하는 것은 큰 고생이 아니었다. 하지만 다른 의원들의 경우, 어려운 천문학 이야기 따위에 흥미를 느낄 리가 없었다. 그래서 내용 설명이나 전문 용어의 나열은 그만두고, 의원들의 마음을 사로잡는 데 마음을 기울이기로 했다.

나는 이집트력부터 그레고리오력까지의 과정을 일화를 섞어 가면서 재미있게 설명했다. 특히 언어, 문체, 화술, 제스처에 신경을 집중했다. 이것은 성공적이었다. 이런 방법은 앞으로 무슨 일을 하든 성공할 것임이 틀림없다.

의원들은 내 의도를 이해하는 것 같았다. 과학적인 설명 같은 것은 일체 하지 않았고 그럴 생각도 없었는데, 몇몇 의원이 내 설명으로 모든 것이 분명해졌다고 말했다. 내 설명에 이어, 법안 작성에 누구보다도 많은 도움을 준 유럽 최고의 수학자이자 천문학자 한 분이 앞으로 나섰다. 그런데 그의 이야기는 앞뒤가 없고, 너무 전문적인 설명에 치우치는 바람에 모든 칭찬이 나에게 집중되었다. 세상일이란 그런 것이다.

너도 그런 경험이 있을 것이다. 말을 걸어 온 사람이 지친 목소리로 이상한 억양을 붙여 이야기하거나 말의 표현이 엉망진창이거나 말의 순서가 뒤죽박죽이라면 그 이야기에 귀를 기울이고 싶은 마음조차, 아니 그 사람의 인격에 눈을 돌릴 마음조차 사라진다. 적어도 나는 그렇게 생각한다. 이와는 반대로 호감이 가는 방법으로 말하면 상대가 이야기하는 내용까지 훌륭하게 들리고, 그 사람의 인격에 반하게 된다.

만약 네가 전달하고 싶은 내용을 아무런 꾸밈없이 논리 정연하게 이야기할 수 있다 해도, 그것으로 모든 사람들을 충분히 사로잡을 수 있다고 생각한다면 크나큰 오산이다. 다른 사람들과 이야기할 때는 이야기의 내용이 아니라 '달변인가, 아닌가'에 따라 그 사람을 평가하기 때문이다. 사적인 모임에서 사람들의 마음을 사로잡고 싶을 때나 공적인 자리에서 청중을 설득하고 싶을 때도 내용은 물론 그 사람의 분위기, 표정, 제스처, 품위, 발성법, 사투리의 유무, 강조하는 방법, 억양 등 사소한 것에도 신경을 써야 한다.

나는 피트 씨와 법무부 장관인 뮤레이 씨가 우리나라에서 가장 연설을 잘하는 인물이라고 믿는다. 이 두 사람 외에 의회를 조용하게 할 수 있는 사람, 논쟁을 가라앉힐 수 있는 사람은 없다. 이 두 사람의 연설은 그 떠들썩한 의원들을 조용하게 하고, 열심히 그들의 연설에 귀 기울이게 하는 힘이 있다. 그것은 두 사람이 연설하는 것을 직접 보고 들으면 금방 알 수 있다. 그들이 연설할 때는 청중의 숨소리마저 그쳐, 옆 사람의 맥박 뛰는 소리가 들릴 정도이다.

이 두 사람의 연설의 힘은 어디서 나오는 걸까? 내용이 훌륭하기 때문일까? 이론적인 뒷받침이 튼튼하기 때문일까?

나도 그들의 연설에 흠뻑 빠진 사람 중 한 명이었단다. 그래서 집에 돌아와 왜 그들의 연설에 매료되었는지 생각해 보았다. '도대체 그 사람들은 무엇을 이야기한 것일까.' 하고 곰곰이 생각하니, 놀랍게도 연설 내용도 별로 없고 그들의 주장에도 설득력이 부족했다. 청중은 그들의 연설 내용보다는 그 내용을 표현하는 연설 방법에 매료된 것이다.

아무런 꾸밈이 없는 논리 정연한 화법은 지적인 사람 두세 명이 모이는 사적인 장소에서는 설득력과 매력을 지닌다. 하지만 많은 사람을 상대로 하는 공적인 곳에서는 통하지 않는다. 세상이란 그런 것이다.

우리는 연설에서 무엇인가를 배우기보다는 즐겁게 듣는 쪽을 선택한다. 본래 누구에게서 배운다는 것은 그다지 기분 좋은 일은 아니다. 그것은 스스로를 무식하다고 인정하는 것이나 마찬가지이기 때문이다. 연설은 듣는 사람에게 거부감이 없어야 한다.

22. 품위 있는 화술을 익혀라

일상 회화를 갈고 닦고, 정확하고 품위가 있으며 거드름을 피우지 않는 화술을 몸에 익히도록 노력해라. 웅변가는 솜씨 좋은 제화공과 닮았단다. 제화공은 고객의 발에 구두를 잘 맞출 수 있는지만 알면 그 나머지는 기계적으로 할 수 있다.

품위 있는 화술이 어떤 것인지 관찰해라

사랑하는 내 아들아, 말을 잘하는 사람이 되고 싶다면 어떻게 하면 좋을까? 먼저 말을 잘하는 사람이 되겠다는 목표를 세우고 이를 항상 마음속에 새겨 두어야 한다. 그리고 그것을 실현하기 위해 책을 읽거나 문장 연습을 하는 등 모든 노력을 거기에 집중시켜야 한다.

너 자신에게 이렇게 다짐해라.

"나는 사람들에게 인정받는 사람이 되겠다."

그러기 위해서는 말을 잘해야 한다. 일상 회화를 갈고 닦고, 정확하고 품위가 있으며 거드름을 피우지 않는 화술을 몸에 익히도록 노력해라. 고전 작품이나 현대 작품을 불문하고 웅변가들이 쓴 책을 두루 읽어라. 말을 잘하려면 그 책을 꼭 읽어야 한다고 스스로에게 다짐해 보아라.

실제로 그런 목적으로 책을 읽을 때는 문체나 말의 사용법에 신경을 쓰는 것이 좋다. '어떻게 하면 좀 더 훌륭한 표현이 되는가?' '내가 저자와 같은 글을 쓴다면 어디가 부족한가?'를 생각하면서 읽도록 해라. 같은 의미의 글을 쓰더라도 저자에 따라서 얼마만큼 표현이 다른가, 그리고 표현에 따라 같은 내용이라도 인상이 얼마나 달라지는가에 신경 쓰면서 읽도록 해라. 어휘의 사용법이 이상하거나 문체가 고르지 못한 문자의 경우 아무리 같은 내용이라도 인상이 얼마나 달라지는지 잘 관찰하는 것이 좋다.

또 아무리 자유로운 대화라도, 아무리 친한 사람에게 보내는 편지라도 너만의 스타일을 지녀야 한다. 이야기를 하기 전에 철저히 준비하는 것도 놓치지 마라. 다만 그것을 할 수 없는 경우라면 이야기가 끝난 뒤에 '좀 더 좋은 화술은 없었을까?' 하고 생각하는 것만으로도 화술을 익히는 데 도움이 될 것이다.

말을 잘하려면 똑똑히 발음해라

너는 대중의 마음을 사로잡는 배우들이 어떤 식으로 이야기하는지 눈여겨본 적이 있느냐? 잘 관찰하면 알겠지만, 훌륭한 배우는 하나같이 확실한 발음과 정확한 말에 중점을 두고 있다. 말이란 개념을 전달하기 위해 존재하는 1차적 도구이므로 개념이 전달되지 않는 화법을 쓰거나 듣기 싫은 화법을 구사하는 것은 어리석기 짝이 없는 일이다.

이 문제에 대해서는 하트 씨에게 도움을 받아라. 날마다 큰 목소리로 책을 읽고 그것을 들어 달라고 부탁해라. 호흡의 연결 방법, 강조 방법, 읽는 속도 등에 어색한 곳이 있으면 그때마다 지적해 달라고 해라.

너 혼자 연습할 때도 네가 하는 말을 주의 깊게 듣고, 문장을 천천히 그리고 정확하게 읽도록 해라. 너는 발음이 종종 어색해서, 빨리 말할 때는 알아듣기 힘든 경우도 있다. 발음하기 힘든 단어가 있으면 완벽하게 발음할 수 있을 때까지 수천 번이라도 연습해라. 입을 크게 벌리고, 한 마디 한 마디 똑똑하게 발음해라.

사회적인 문제를 몇 가지 들어, 그것에 대한 찬성 의견과 반대 의견을 곰곰이 생각하고, 논쟁을 예상하여 그것을 될 수 있는 한 품위 있는 문장으로 고쳐 써보는 것도 좋은 공부가 될 것이다.

청중이 좋아하는 방법으로 이야기해라

사람의 기선을 제압하려면 상대방을 과대평가하지 않는 것이 중요하다. 마찬가지로 연설에서 청중을 기쁘게 하려면 그들을 과대평가하지 않는 것이 중요하다.

나도 처음으로 상원의원이 되었을 때는 의회가 존경할 만한 사람들만의 모임으로 여기고선 위압감을 느꼈다. 하지만 의회 내부의 실상을 보자마자 그 선입견은 금세 사라졌다. 560명의 의원들 중에 사려 깊고 분별 있는 사람은 기껏해야 30명 안팎으로, 그 나머지는 거의가 평범한 사람이라는 것을 깨달았다. 그리고 품위 있는 말씨와 풍부한 내용의 연설을 듣기 원하는 사람은 그 30명 정도로, 나머지 의원들은 내용이야 어떻든 귀에 거슬리지 않은 연설을 듣는 것만으로 만족한다 16는 것을 알았다.

그것을 알고 난 다음부터는 연설을 할 때마다 긴장감도 떨어져, 마지막에는 청중을 거의 인식하지 않고 이야기의 내용과 화술에만 정신을 집중할 수 있었다. 나는 이런 노력을 통해 내용이 충실한 이야기를 할 수 있을 정도의 양식을 갖출 수 있었다.

웅변가는 솜씨 좋은 제화공과 닮았단다. 제화공은 고객의 발에 구두를 잘 맞출 수 있는지만 알면 그 나머지는 기계적으로 할 수 있다. 이와 마찬가지로 만약 네가 청중을 만족시키고 싶다면 청중이 좋아하는 방법으로 이야기해라. 연설자는 청중의 개성까지 좌우할 수 없다. 있는 그대로의 그들을 받아들일 수밖에 없다. 그리고 몇 번이나 말한 것처럼 그들은 오감이나 마음을 사로잡는 것만을 좋아하고 받아들인다.

23. 스스로에게 자신과 긍지를 가져라

분별 있는 사람은 다르다. 어떤 일에 손을 대려고 할 때는 그것을 제대로 완성하는 데 필요한 시간을 미리 정하고, 아무리 급한 일이라도 하나의 일을 집중적으로 처리한다. 너무 바빠서 시간이 없을 때도 항상 냉정하고 침착해서 당황하는 일이 없고, 하나의 일을 완성하기 전에는 다음 일에 손을 대지 않는다.

사인 하나라도 작고 초라하게 하지 마라

아들아, 네가 지난번에 요청한 청구서가 돌아왔을 때 나는 지불을 중지할까 생각했다. 금액 때문이 아니었다. 이런 경우에 사전에 청구 금액에 대해 의논하는 것이 관례임에도 불구하고 너는 이 건에 대해서 편지 한 통 보내지 않았잖니? 바로 그 이유 때문이란다.

그렇지만 그 이상으로 나를 화나게 한 것은 너의 서명이었다. 청구서를 아무리 들여다보아도, 너의 사인을 찾을 수 없었다. 청구서를 가져온 사람이 가리키는 곳을 돋보기로 보고서야 비로소 맨 밑에 네 사인이 있는 것을 발견했다. 처음에는 글자를 쓸 줄 모르는 사람의 사인인가 생각했는데 알고 보니 네 사인이더구나. 나는 그렇게 작고 초라한 사인을 본 적이 없다.

사회에 몸담는 사람이라면 누구나 항상 같은 사인을 하는 것이 관례다. 그렇게 함으로써 자기 사인이 남들에게 익숙해지고, 가짜가 통용되는 것을 방지하는 것이다. 또한 일반적으로 사인할 때는 다른 문자보다는 조금 크게 쓴다. 그런데 네 사인은 다른 문자보다 작고 보기에도 흉하더구나. 군인에게 이런 사인을 한 편지를 보낸다면 "이것은 보통 사람이 쓰는 글자가 아니다. 기밀문서임에 틀림없다."고 오인해 암호 해독 담당관에게 서둘러 보낼 것이 분명하다.

바쁠수록 냉정하게 대처해라

너는 당황했기 때문에 그런 사인밖에 할 수 없었다고 변명할 것이다. 그렇다면 왜 당황했느냐? 지적인 사람이라면 서두르는 일은 있어도 당황하는 일은 없다. 당황하면 일을 그르치기 때문이다. 따라서 서둘러 일을 마무리 짓기는 해도, 서두름으로써 일이 엉성해지는 일이 없도록 항상 신경 쓰는 법이다.

소심한 사람이 당황해하는 것은 자기가 할 일이 지나치게 많다고 생각할 때다. 자기 능력으로는 힘든 일이라고 생각하기 때문에 당황해서 우왕좌왕하고 고민한다. 결국에는 혼란을 일으켜 체계도 없이 손에 잡히는 대로 일을 뒤죽박죽 처리하고 만다. 이것저것을 한꺼번에 하기 때문에 결국에는 어느 것 하나 제대로 마무리하지 못한다.

분별 있는 사람은 다르다. 어떤 일에 손을 대려고 할 때는 그것을 제대로 완성하는 데 필요한 시간을 미리 정하고, 아무리 급한 일이라도 하나의 일을 집중적으로 처리한다. 너무 바빠서 시간이 없을 때도 항상 냉정하고 침착해서 당황하는 일이 없고, 하나의 일을 완성하기 전에는 다음 일에 손을 대지 않는다.

너도 여러 가지로 할 일이 많아서 시간이 충분치 않다는 것을 나 역시 이해한다. 하지만 바쁘다고 모든 일을 적당히 해치울 생각이라면 절반은 완벽하게 하고, 나머지 절반은 손을 대지 않는 채로 놓아두는 편이 훨씬 낫다. 게다가 주위의 교양 없는 사람들과 마찬가지로 형편없는 글씨를 쓰는 어리석음, 몇 초의 시간 때문에 품위를 떨어뜨리는 것은 너에게 큰 피해를 안겨 준단다. 아들아, 내가 무엇을 걱정하는지 알겠느냐?

CHAPTER 06
어떤 사람들을 사귈 것인지 심사숙고해라

자신을 뻗어나가게 해주는 친구, 북돋아 주는 친구를
어떻게 찾아내고 사귈 것인가?

"글을 읽을 줄 아는 귀머거리는 진짜 귀머거리가 아니다.
진짜 귀머거리는 남의 말을 듣지 않는 사람이다." ─헤르만 헤세

24. 친구를 신중하게 사귀어라

함께 있으면 즐겁다고 해서 좋은 친구라고는 할 수 없다. 오히려 친구로서는 걸맞지 않으며 도움도 되지 않는 경우가 많다.

평판이 좋지 않은 친구들의 부탁은 과감하게 거절해라

아들아, 이 편지가 도착할 무렵이면 너는 베니스에서 흥청대며 소모적인 축제를 보내고, 토리노로 거처를 옮겨 공부 준비에 열중하고 있겠구나. 토리노에 머무는 것이 네 공부에 도움이 될 뿐 아니라 학력을 키워줄 것이라고 믿는다. 너 스스로도 그렇게 하리라 믿는다. 하지만 솔직히 말해 나는 다른 때와는 달리 너를 걱정하고 있단다.

들리는 말에 의하면, 토리노의 전문학교에는 평판이 좋지 못한 사람들이 있다고 하더구나. 따라서 그곳에서 네가 지금까지 쌓아온 것을 모두 망치지나 않을까 걱정이 앞선다. 그들이 어떤 사람들인지는 모르지만 패를 이루면 난폭한 행동을 하거나 무례한 짓을 하거나 패를 만들어 그들만의 이익을 주장하며 싸운다고 하니 조심하기 바란다.

그런 짓은 친구들 사이에서 그치면 좋은데, 그것으로 만족할 사람들이 아닌 것 같다. 패거리에 들어오라고 압력을 가하거나 집요하게 권유하는 모양이다. 그리고 그것이 잘 되지 않으면 상대방을 조롱해서 외톨이를 만든다고 한다. 네 나이 또래의 경험이 없는 젊은이들은 이러한 수작에 넘어갈지도 모른다. 압력을 가하거나 강제적으로 권유하는 것과는 비교가 되지 않는다. 너는 부디 이런 것들에 말려들지 않도록 조심하기 바란다.

일반적으로 젊은이들은 부탁을 받으면 좀처럼 싫다고 말하지 못한다. 싫다고 하면 체면이 깎이는 기분이 들기 때문이다. 상대방에게 미안한 마음도 있을 것이다. 친구들에게 따돌림을 당하고 싶지 않을 수도 있다. 그런 생각 자체는 나쁜 것이 아니다. 하지만 '상대방의 기분을 맞춰 주자', '상대방을 기쁘게 해주자'는 마음은 상대방이 좋은 사람이라야 좋은 결과를 낳는다. 그렇지 않으면 자신이 원하지 않아도 매번 상대방에게 끌려다녀야 하는 최악의 사태에 빠지고 만다.

만약 너에게 결점이 있다면 네 결점만으로 만족하는 것이 좋다. 다른 사람의 나쁜 점을 흉내 내어 상대방에게 피해를 주는 일은 하지 말기 바란다.

값싼 우정에 속지 마라

토리노의 대학에는 여러 부류의 학생들이 있을 것이다. 그런 학생들과 금세 친해지고 친구가 될 수 있을 것이라고 생각하면 오산이다. 그것은 어처구니없는 자만이다. 참다운 우정이란 그렇게 간단하게 손에 넣을 수 있는 것이 아니란다. 오랜 시간을 두고 서로에 대해서 알고 이해한 다음이 아니면 참다운 우정은 자라나지 않는 법이다.

그런데 그렇지 않은, 이름뿐인 값싼 우정도 있다. 지금 젊은이들 사이에 널리 퍼져 있는 것이 바로 이것이다. 이 우정은 잠시 동안은 따뜻하지만, 한참 있으면 차갑게 식고 만다. 우연히 알게 된 몇 사람이 함께 모여 무분별한 행동을 하거나 놀러 다니는 것에 불과하다. 졸속으로 재배된 우정이라고 불러야 좋을 관계다. 술과 여자와 노름으로 결합되어 있으니 이 얼마나 무분별하고 어리석은 우정이냐!

오히려 사회에 대한 반항이라도 하면서, 받아들여야 할 것은 받아들이는 쪽이 낫다. 하지만 경박한 학생들이 그런 멋진 모습을 흉내라도 낼 수 있을지 의문이구나.

이런 학생들은 자신들의 우정을 빌미로 공연히 돈을 빌려 주고 빌리면서, '친구를 위해서'라는 변명을 내세우며 소동에 뛰어들어 시비를 걸거나 싸움질을 한다. 이런 학생들은 우연한 일로 사이가 틀어지면 손바닥을 뒤집듯 상대방을 돌아보지 않는다. 지금까지의 신뢰 관계를 배반하고 그 사람을 조롱하기에 바쁘다.

여기서 네가 주의할 것이 있다. 친구와 동료는 전혀 다르단다. 함께 있으면 즐겁다고 해서 좋은 친구라고는 할 수 없다. 오히려 친구로서는 걸맞지 않으며 도움도 되지 않는 경우가 많다.

어느 누구도 적으로 만들지 마라

어떤 친구와 사귀느냐에 따라 그 사람에 대한 평가는 어느 정도 정해진다고 해도 과언이 아니다. 이것은 반드시 이치에 어긋난 것만은 아니다. 그것을 정확하게 표현한 말이 스페인에 있다.

누구와 가까이 지내는지 나에게 가르쳐다오
그러면 네가 어떤 사람인지 알아맞혀 보겠다.

부도덕한 사람이나 어리석은 사람을 친구로 사귀는 사람은 그 사람도 좋지 않은 짓을 하는 것이 아닌지, 숨기고 싶은 비밀이 있는 것이 아닌지 의심 받게 된다. 그때 부도덕한 사람이나 어리석은 사람이 너에게 접근해 온다면 그들이 눈치 채지 못하게 몸을 피해라.

하지만 필요 이상으로 냉담하게 대해서 적으로 만들지는 마라. 친구가 되고 싶지 않은 사람은 수없이 많겠지만, 그들을 적으로 만드는 것은 현명하지 못하다.

나 같으면 적도 아니고 친구도 아닌 중간적인 입장을 취하겠다. 이것은 가장 안전한 방법이다. 악한 행동이나 어리석은 행동은 미워해도 개인적으로 적대시하지는 마라. 그들이 너에게 적의를 가지면 곤란하다. 그것이 그들과 친구가 되는 것보다 낫겠지만, 너는 그들로 인해 적잖이 피해를 입게 된다.

중요한 것은 상대방이 누구든 말해도 좋은 것과 말하지 말아야 할 것, 해서 좋은 일과 그렇지 않은 일을 가려서 너 자신을 조절하는 것이다. 분별 있는 척 행동하는 것이 가장 나쁘다. 그것은 상대방에게 불쾌감을 주며, 사실은 그렇지 않다고 변명하는 것이 오히려 상대방을 화나게 한다.

진정한 의미에서, 사물을 정확히 분별하는 사람은 드물다. 대개는 자기만의 쓸데없는 일에 정신이 팔려 고집스럽게 입을 다물거나, 반대로 자기가 아는 것과 생각하는 것을 남김없이 털어놓아 상대를 적으로 만들기도 한다.

25. 자기보다 뛰어난 사람을 사귀어라

뛰어난 사람들과 사귀면 자기도 그 사람들과 마찬가지로 훌륭한 사람이 된다. 칭찬을
듣기 위해서, 남들보다 돋보이기 위해 수준이 낮은 사람과 어울리게 된다. 이것은 모두
허영심 때문이다.

너에게 과분한 모임이라도 다 나가라

친구에 대한 이야기는 이 정도로 하고, 다음에는 어떤 사람과 사귈
것인가에 대해서 이야기하겠다.

우선 될 수 있는 한 자기보다 뛰어난 사람들과 사귀도록 노력해라.
뛰어난 사람들과 사귀면 자기도 그 사람들과 마찬가지로 훌륭한 사람
이 된다. 반대로 자기보다 못한 사람과 사귀면 자기도 그 정도의 사람
이 된다. 앞에서도 말한 것처럼, 사람은 사귀는 상대에 따라 달라지는
법이다.

여기서 '훌륭한 사람들'이란 가문이 훌륭하거나 높은 지위에 있는
사람을 의미하는 것은 아니다. 속이 꽉 찬 사람들, 세상 사람들이 훌륭

하다고 생각하는 사람들을 말한다.

훌륭한 사람들에는 두 부류가 있다. 첫 번째 부류는 사회에서 주도적인 역할을 하는 사람, 사교계에서 화려하게 활동하는 사람 등 사회적으로 걸출한 사람들이다. 두 번째는 특수한 재능이나 특징이 있는 사람, 특정한 분야의 학문이나 예술에 뛰어난 사람 등 한 가지 점에서 걸출한 사람들이다.

그렇다고 해서 너 혼자만의 생각으로 훌륭한 사람을 지정하지는 마라. 그 지역 사람들이 모두 훌륭한 사람이라고 인정하고, 그렇게 부르는 사람들을 훌륭한 사람으로 받아들여야 한다. 거기에 예외적인 사람이 몇 명 끼어 있는 것은 상관없다. 아니, 오히려 그쪽이 더 바람직하다.

사귀기에 적합한 모임은 사실은 단순히 뻔뻔스러움만 가지고 그 모임에 가입하거나, 어떤 저명한 사람의 소개로 억지로 들어가는 식의, 여러 부류의 사람들이 모여 있는 집단일 것이다. 저마다 다른 도덕관을 지닌 사람들을 관찰하는 일은 즐겁기도 하며 도움이 된다. 물론 주된 부류는 훌륭한 사람들이다. 눈살을 찌푸릴 정도의 사람은 절대로 가입할 수 없다.

이런 의미에서, 신분이 높은 사람들의 모임이라도 그 지역에서 훌륭하다고 인정받지 못한다면 이 또한 바람직하지 않다. 신분이 아무리 높아도 머리가 텅 빈 사람, 상식적인 예의도 모르는 사람, 아무런 재능도 없는 사람이 있기 때문이다.

120

학식이 풍부한 사람만이 모인 곳도 그렇다. 사회에서 정중한 대접을 받거나 존경받는 것은 확실하지만, 사귀기에 적합한 모임이라고 하기는 어렵다. 그들은 허심탄회하게 행동할 줄을 모른다. 그들은 학문밖에 모르기 때문에 사회를 제대로 이해하지 못한다.

이런 모임에 들어갈 정도의 실력이 너에게 있다면, 이따금 그들에게 얼굴을 내미는 것도 대단히 좋은 일이라고 생각한다. 그 일로 너의 평판이 올라가면 올라갔지 떨어지는 일은 없을 것이다. 하지만 그 속에 깊이 빠져들면 세상물정 모르는 학자와 같은 부류로 오해받아, 사회생활을 하는 데 장애가 될 수 있다.

사람들은 재주 많은 사람을 그다지 달가운 시선으로 바라보지 않는다. 이런 사람에게서 공포심을 느낄 수도 있다. 특히 주위에 사람의 시선이 집중될 때, 면도날처럼 날카로운 재주를 부리는 사람이 있다면 사람들은 이에 두려움을 느낄 것이다. 그것은 여성이 총을 보고 두려워하는 것과 비슷하다. '언제 안전장치가 저절로 벗겨져서 총알이 자기 쪽으로 날아오지 않을까?' 하고 생각한다.

그래도 이런 사람들을 만나고 친하게 지낸다는 것은 그 나름대로 의미 있고 즐거운 일이다. 다만 아무리 매력이 있다고 해도 그 사람들하고만 사귀는 것은 좋지 않다.

결점까지 칭찬하는 사람과 사귀지 마라

무슨 일이 있어도 어리석고 자랑만 앞세우는 사람들과 사귀는 것은 피해라. 인격이 모자라고, 덕이 부족하고, 지적 수준도 떨어지며, 내세울 것이 없으면서 너와 사귀는 것만을 자랑으로 삼는 사람들과 사귀지 마라. 그런 사람들은 너를 묶어두기 위해서 네 결점까지 칭찬할 것이다. 그런 사람들과는 절대로 어울리지 말기 바란다.

너는 이 아비가 이런 당연한 일까지 당부하는 것이 마음에 내키지 않느냐? 나는 인격이 모자란 사람들과 어울리지 말라고 주의를 주는 것이 전혀 불필요하다고 생각지 않는다. 분별도 있고 사회적인 지위도 확실한 사람들이 그런 사람과 어울리다가 신용을 잃고 몰락하는 모습을 여러 번 지켜보았기 때문이다.

여기서 주의할 것은 허영심이다. 허영심 때문에 인간은 어리석은 행동을 수없이 되풀이해왔지. 자기보다 수준이 낮은 사람들과 어울리는 것도 이 허영심 때문이란다.

사람은 어느 모임에서든 최고가 되고 싶어한다. 동료들로부터 칭찬을 받고 싶어하고, 한 집단의 중심인물이 되고 싶어한다. 이런 쓸모없는 칭찬을 듣기 위해서, 남들보다 돋보이기 위해 수준이 낮은 사람과 어울리게 된다. 이것은 모두 허영심 때문이다. 그 결과가 어떻게 될지 너는 생각해보았느냐? 그렇다. 결국 자신도 그 사람들과 똑같은 수준이 되고, 보다 훌륭한 사람과 사귈 기회도 얻지 못한다. 허영심 때문에 자신의 명예와 품위마저 잃고 만다.

거듭 말하지만, 사귀는 상대에 따라 네 이름이 빛나기도 하고, 초라해지기도 한다. 더구나 사람들은 사귀는 상대에 따라 너를 평가한단다.

26. 우아하게 교제하는 법을 익혀라

그곳에 있는 사람들 모두가 나를 웃음거리로 삼거나 조롱한다고 생각했다. 나와 같은 풋내기에게 신경 쓸 사람은 없는데도 말이다. 그렇게 나는 한참 동안 죄수와 같은 심정으로 그 자리에 있었다.

훌륭한 사람들과 당당하게 있어라

아들아, 지금도 나는 사교계에서 훌륭한 사람들을 소개받았을 때를 똑똑히 기억하고 있다. 케임브리지 대학의 학생 티를 벗지 못했던 나는 눈부실 정도로 화려한 어른들 앞에 서자 두려워서 몸을 움츠렸다. 우아하게 행동해야 한다며 스스로를 타일렀지만 몸이 얼어붙어 누가 질문을 해도, 말을 걸려고 해도 몸이 말을 듣지 않더구나.

귓속말로 무엇인가를 소곤거리는 사람들이 눈에 띄면 나에 대한 이야기를 하는 것이라고 생각했고, 그곳에 있는 사람들 모두가 나를 웃음거리로 삼거나 조롱한다고 생각했다. 나와 같은 풋내기에게 신경 쓸 사람은 없는데도 말이다. 그렇게 나는 한참 동안 죄수와 같은 심정으로 그 자리에 있었다. 만약 눈앞에 있는 사람들과 사귀어 나 자신을 갈고 닦으려는 굳은 결의와 의지가 없었다면, 그 자리에서 도망쳐 나왔을 것이다.

하지만 나는 그 자리에 있었다. 어떻게 해서라도 그 장소에 어울려야 한다고 생각했기 때문이다. 그렇게 생각하자 마음이 편해지더구나. 더 이상 조금 전과 같은 보기 흉한 행동은 하지 않았다. 누군가 이야기를 걸어 와도 말을 더듬거나 우물쭈물하지 않았다.

교제에 익숙하지 않다고 솔직하게 말해라

때때로 곤혹스러워하는 내 표정을 본 사람들이 옆으로 다가와서 말을 걸기도 했다. 그때 나는 '천사가 나를 위로해 주러 왔구나', '나에게 용기를 불어넣어 주러 왔구나' 하고 생각했다. 그러자 용기가 솟아올랐다. 매우 품위 있어 보이는 부인에게 다가가 용기를 내어 말을 걸었다.

"오늘은 참 날씨가 좋군요."

"저도 그렇게 생각해요."

그 부인은 매우 정중하게 대답했지.

거기서 잠시 대화가 끊어졌는데, 적어도 내 쪽에서는 계속할 말이 생각나지 않았다. 그때 부인이 입을 열었다.

"너무 긴장할 것 없어요. 저한테 말을 거는 데 상당한 용기가 필요했던 것 같군요. 그렇다고 해서 이곳에 있는 분들과의 교제를 단념하

124

지는 마세요. 모두들 당신이 어울리기 위해 노력하고 있다는 것을 알아요. 그 마음이 소중한 거예요. 나머지는 방법을 몸에 익히는 것뿐이에요. 당신은 스스로 생각하는 것보다는 그다지 서툴지 않아요. 이런 사교 모임에 익숙해지면 훌륭한 분이 되실 거예요. 만약 제게 배우고 싶다면, 제자로 삼아 친구들에게 소개해 드릴 수 있어요."

그 말을 듣고 내가 얼마나 기뻤는지 상상할 수 있겠느냐? 그리고 내가 얼마나 어색하게 대답했는가를, 나는 두세 번 헛기침을 했다. 그렇게 하지 않고는 목구멍에 무엇인가 걸린 느낌이 들어서 말을 꺼낼 수 없었으니까 말이다.

나는 가까스로 입을 열었다.

"정말 고맙습니다. 제 행동에 자신감을 갖지 못하는 것은 나름대로 이유가 있어서입니다. 그것은 훌륭한 분들과 교제하는 데 익숙하지 않기 때문입니다. 하지만 부인께서 선생님이 되어 주신다면 기꺼이 따르겠습니다."

나의 더듬거리는 말이 끝나는 즉시 그 부인은 서너 명을 불러 모은 뒤 이렇게 말했다.

"여러분, 저는 이 젊은 분의 교육을 맡기로 했어요. 저는 이것을 무척 기쁘게 생각해요. 물론 이분은 틀림없이 제가 마음에 든 모양이에요. 그렇지 않다면 어떻게 저한테 찾아와서, 떨면서도 용기를 내어 '오늘은 날씨가 좋습니다'라고 말을 걸 수 있겠어요? 여러분도 도와주세요. 함께 이 젊은 분을 세련된 청년으로 만들어 줍시다. 이분에게는 본보기가 필요해요. 만일 제가 적절하지 못하다고 생각한다면 다른 분을 찾으시겠죠. 그렇다고 해서 오페라 가수나 여배우를 고르지는 말아요. 그런 분들과 어울리면 세련되기는커녕 재산도, 건강도 잃을 뿐이니까요."

그 자리에 있던 서너 명이 뜻하지 않은 말을 듣고는 큰 소리로 웃었다. 나는 어찌할 바를 모른 채 얼굴을 붉히며 서 있었단다. 그 부인의 말이 진심인지 아니면 나를 놀려대는 것인지 알 수 없었기 때문이지. 나는 그 부인의 말에 기뻐하다가 창피하기도 하고, 용기를 얻다가 실망하기도 했다.

교제에도 의욕과 끈기가 필요하다

나중에 안 사실이지만 이 부인과, 이 부인이 소개해준 사람들은 나를 친절하게 감싸주었다. 그래서 나는 점점 자신감을 얻었다. 더 이상 우아하게 행동하는 것이 부끄럽지 않게 되었고, 좋은 본보기를 발견하면 부지런히 그것을 흉내 냈다. 그리하여 좀 더 자유로운 기분으로 따라해, 마침내 나름대로 사람을 사귀는 방법을 찾을 수 있었다.

너도 다른 사람들에게서 호감을 받고 싶거나 뭔가 세상에 나가서 보람 있는 일을 하고 싶다면 하지 못할 것도 없다. 의욕과 끈기만 있다면 말이다.

27. 사람을 있는 그대로 평가하는 눈을 길러라

젊은 사람에게는 대상을 과대평가하기 쉬운 경향이 있다. ⋯일반적으로 유능한 사람도 절대적이지 않다는 것은 너도 잘 알 것이다. 그런데도 '유능하다'고 불리는 것은 다른 사람과 비교해서 그렇게 불리는 것에 불과하다. 일반 사람들보다 결점이 적다는 이유만으로 '유능하다'고 불리고, 우위에 서 있는 것에 불과하다.

위대한 사람에게도 결점은 있다

아들아, 명심하거라. 젊은 사람에게는 대상을 과대평가하기 쉬운 경향이 있다. 그것은 대상을 사실 그대로 보지 못하기 때문이다. 인간은 네가 생각하는 것처럼 이지적이고 이성적인 동물이 아니다. 감정에 지배를 받고, 너무나 쉽게 무너지는 나약함을 지니고 있다.

일반적으로 유능한 사람도 절대적이지 않다는 것은 너도 잘 알 것이다. 그런데도 '유능하다'고 불리는 것은 다른 사람과 비교해서 그렇게 불리는 것에 불과하다. 일반 사람들보다 결점이 적다는 이유만으로 '유능하다'고 불리고, 우위에 서 있는 것에 불과하다.

그들은 자신을 억제하고 결점을 줄임으로써 수많은 사람들을 다룬다. 그때 이성에 호소해서 제어하는 따위의 바보 같은 짓은 하지 않는 다. 감정이나 감각 등 제어하기 쉬운 것을 교묘하게 파고든다. 따라서 실패하는 일이 거의 없다.

하지만 잘 생각해 보렴. 사람들이 위대하고 완벽하다고 생각하는 사람들에게도 결점이 있다는 것을. 저 위대한 브루투스도 마케도니아 에서는 도둑과 비슷한 짓을 하지 않았느냐!

네 자신의 눈으로 인간이란 어떤 것인가를 깨달을 때까지는 라 로 슈푸코(1613~1680, 프랑스의 모럴리스트이자 프랑스 고전주의 시대 를 대표하는 작가 중의 한 사람) 공작의 〈잠언집〉을 읽는 것이 좋다. 이 책만큼 사람에 관해 많은 것을 가르쳐주는 것도 없다. 하루에 한 페 이지라도 좋으니 이 책을 날마다 읽기 바란다. 그것만큼 있는 그대로 의 인간을 정확하게 파악한 책은 드물 것이다. 이 잠언집을 읽으면 너 또한 인간을 필요 이상으로 과대평가하는 일은 없을 것이다. 그렇다 고 이 책이 인간을 부당하게 과소평가하고 있다는 것은 아니다. 그것 은 내가 보증한다.

젊은이답게 쾌활하고 밝게 살아라

네 나이 또래의 젊은이들은 항상 힘이 넘쳐흐른다. 누군가가 길을 열어주지 않으면 어디로 갈지 모르고, 자칫 무모하게 달려가다가 넘 어져 목뼈가 부러질 염려도 있다. 물론 젊은이는 저돌적인 힘이 있어 야 한다. 하지만 거기에 신중함과 조심스러움이 더해지면 모든 사람들로부터 환영을 받기도 한다.

젊은이들이 범하기 쉬운 들뜬 마음을 접고, 젊은이다운 쾌활함과 밝은 마음을 갖고 당당하게 사람들 속으로 들어가거라. 발랄하고 씩씩한 모습은 사람들의 마음을 끌어들인다. 될 수 있으면 사람을 만나기 전에 그의 성격이나 그가 지금 어떤 상황에 놓여 있는가를 미리 살펴보는 것도 좋다. 그렇게 하면 마음만 들떠서 상대방을 화나게 하거나 불쾌하게 하는 일은 없을 테니 말이다.

네가 알게 될 사람들 중에는 마음가짐이 좋은 사람도 있을 테고 그렇지 않은 사람도 있을 것이다. 남을 비판하기 좋아하는 사람도 많지만, 그보다는 더 비판받아 마땅한 사람도 많이 있다. 그런 사람을 상대할 때는 그 자리에 있는 대부분의 사람들에게 적용되는 장점을 칭찬하거나 단점을 옹호해 주면 된다. 그렇게 하면 그것이 아무리 다른 사람들과 통틀어서 하는 말이더라도 자기 자신을 두고 한 말이라고 생각하며 기뻐할 것이다.

허영심은 자기를 향상시키기도 한다

사람은 자기보다 훌륭한 사람들 사이에 있으면 항상 다른 사람들이 자기를 주목하는 것처럼 느끼는 법이다. 사람들이 작은 목소리로 무슨 말인가 소곤거리면 자기 이야기를 하는 것이라고 생각하고, 그들이 웃으며 자기가 웃음거리가 된 것이라고 믿는다. 또 무엇인가 의미를 알 수 없는 이야기를 들었을 때, 그 이야기를 억지로 자기에게 적용한다. 즉 자기를 두고 한 말이라고 믿는 것이다. '저렇게 큰 소리로 웃는 것을 보면 틀림없이 나를 비웃는 거야.'라고…….

어쨌든 훌륭한 사람들 속에 들어가서, 실패를 거듭하고 좌절감을 맛보는 동안, 너의 몸에도 차츰 세련된 태도가 붙을 것이다.

남성이든 여성이든 좋다. 네가 가장 친하게 지내는 대여섯 명에게 부탁해라.

"저는 젊고 경험이 부족해서 자칫 무례한 행동을 하기도 합니다. 그럴 때는 즉시 지적해주시기 바랍니다."

그때 다음과 같은 말을 덧붙이는 것을 잊지 않도록 해라.

"지적해주시는 것을 우정의 증표로 여기겠습니다."

이처럼 숨김없이 이야기하면서 상대방에게 도움을 청하고 감사의 마음을 잊지 않으면, 지적해준 사람도 기분 좋게 생각해 다른 사람에게도 그 이야기를 전하면서 너에게 힘이 되도록 그들이 부탁할 것이다. 그럼으로써 많은 사람들이 친밀한 마음을 갖고 너의 무례하고 부적절한 행동을 지적해줄 것이다. 이를 통해 너는 서서히 몸과 마음이 자유로워지고, 이야기를 나누는 상대나 함께 있는 상대에 따라 카멜레온처럼 변화무쌍하게 행동할 수 있는 능력도 생길 것이다.

다른 사람으로부터 인정받고 싶고, 칭찬 받고 싶다는 감정이 없으면 우리는 무슨 일에든 무관심해지고, 아무것도 하고 싶지 않은 감정에 빠지고 만다. 그리고 실제로 아무것도 하지 못한다. 그렇게 되면 자기가 지닌 능력을 제대로 발휘할 수 없다. 그리고 자신이 실력 이하로 보이는 것에 만족할 수밖에 없다. 하지만 허영심이 강한 사람은 다르 단다. 자기 실력 이상으로 보이려고 힘껏 노력한다.

나는 지금까지 너에게 모든 것을 숨김없이 이야기해왔고, 앞으로도 결점이라고 해서 숨길 생각이 없다. 감히 고백하겠는데, 사실 나도 사 람들이 약점이라고 부르는 허영심을 많이 가지고 있었다. 하지만 나 는 그것을 부끄럽게 생각한 적이 없단다. 오히려 허영심이 있어서 좋 았다고 믿는다. 사람들이 좋아하는 무엇인가가 내게 있다면, 그것은 허영심이 나를 향상시켜준 덕분이라고 믿는다.

철학자들은 허영심을 '인간이 지닌 천한 마음'이라고 부르기도 한 다. 하지만 나는 그렇게 생각하지 않는다. 허영심이 있었기 때문에 현 재의 나라는 인격이 이루어진 것이라고 생각한다. 그리고 너에게도 젊은 날의 나와 같은 정도의 허영심이 있으면 좋겠다고 생각한다. 지 나친 허영심은 문제겠지만, 어느 정도의 허영심은 사람을 출세시키는 계기로 작용하기 때문이다.

최고가 되고자 하는 마음이 나를 이끈다

나는 태어날 때부터 출세욕을 지니고 있었던 것 같다. 무슨 일이 있 어도 사람들로부터 인정을 받아야 한다, 칭찬을 받아야 한다, 신망을 얻어야 한다는 남달리 뜨거운 욕망을 마음속 깊이 품고 사회에 첫걸 음을 내디뎠다. 그 때문에 어리석은 행동을 하기도 했지만 그 이상으 로 현명한 행동도 했다고 생각한다. 더구나 '누구보다도 훌륭한 사람이 되겠다'고 마음먹었고, 그런 다짐이 나를 일깨웠다.

그 결과, 마침내 나는 모든 사람들이 주목하는 대상이 되었다. 일단 그렇게 되면 자기가 하는 모든 일이 옳다고 여겨지는 법이다. 내 경우도 그랬다. 나의 말과 행동이 유행이 되고, 어느 누구나 한결같이 나의 말과 행동을 따르는 것을 볼 때 나는 더없이 즐거웠다.

나는 남녀를 불문하고 어떤 모임에나 반드시 초대받았고, 그 모임의 분위기를 좌우했다. 그런 이유 때문에 유서 깊은 집안의 여인들과 스캔들을 일으키기도 했다. 그리고 그 진위조차 알 수 없는 소문이 사실이 된 적도 몇 번인가 있었다는 것을 고백한다.

남성을 대할 때는 상대를 만족시키기 위해 프로테우스(그리스 신화에 나오는 바다의 신)처럼 변신했다. 쾌활한 사람들 속에서는 누구보다도 쾌활하게 행동했으며, 위엄 있는 사람들 속에서는 누구보다도 위엄 있게 행동했다.

사람들이 나에게 조금이라도 호의를 보이거나, 친구로서 무엇인가 도움을 주었을 때, 나는 결코 그것을 지나치거나 잊지 않았다. 항상 신경을 쓰고 감사를 표시했다. 그렇게 함으로써 상대방은 만족했으리라 믿는다. 그것은 나에게도 도움이 되어, 그들과 친해질 계기를 잡을 수 있었다. 이러한 과정을 통해 나는 순식간에 그 지역의 명사를 비롯해 많은 계층의 사람들과 사귀었다.

28. 쾌활함과 끈기의 중요성을 알아라

인간적으로 특별히 뛰어나지도 않고 교양이 없는데도, 쾌활하고 적극적이며 끈기가 있다는 것만으로 성공한 사람들을 너도 자주 보았을 것이다. 그런 사람들은 누구에게도 무시당하는 일이 없다.

환대를 받으면 그만큼 답례해라

아들아, 지난번에 로마에서 갓 돌아온 친지로부터, 너만큼 로마에서 환대를 받은 사람은 없을 것이라는 말을 듣고 내가 얼마나 기뻤는지 아느냐? 파리에서도 틀림없이 환대를 받을 것이라고 믿는다. 파리 사람들은 외국에서 온 사람들, 특히 예의 바르고 마음이 따뜻한 사람을 친절하게 대해준다.

하지만 일방적으로 환대받는 것만 좋아하지는 마라. 그들도 네가 자기 나라를 사랑하며, 자기들의 태도나 관습을 좋게 여기고 있다는 것을 깨달으면 더욱 기뻐할 것이다. 일부러 그렇게 하라는 것은 아니다. 그렇게 하는 것이 나쁘지는 않지만, 그런 마음은 태도만으로도 충분히 전달된다.

파리에서 환대를 받으면 그 정도의 보답을 하는 것도 좋으리라고 생각하는데, 네 생각은 어떠냐? 나도 아프리카에 갈 일이 있어서 그곳에서 환대를 받는다면 상대방이 누구든 그 정도의 답례는 할 것이다.

교양보다 적극성과 끈기가 성공으로 이끈다

네가 파리에서 지낼 수 있도록 모든 준비는 이미 해놓았다. 기숙사에도 즉시 입주할 수 있도록 준비했다. 최소한 6개월 동안 기숙사에서 생활한다는 것이 무엇을 의미하는지 잘 생각해보아라. 물론 호텔에 묵으면 더없이 좋겠지만, 날씨가 어떻든 날마다 학교까지 걸어가야 한다. 육체적인 고생은 물론이고 시간도 허비할 것이다.

하지만 문제는 그것이 아니다. 기숙사에서 생활하면 파리의 상류 사회 젊은이들과 사귈 수 있는 기회가 많아진다. 따라서 나도 파리 사교계의 한 구성원이 될 것이다. 이런 좋은 기회를 누린 영국인은 내가 아는 범위 안에서는 네가 처음일 것이다.

"돈이 많이 들지 않을까요?"

그런 걱정은 하지 않아도 된다. 거기에 드는 비용은 큰 액수가 아니므로 나에게는 부담이 되지 않는다.

그보다도 너는 프랑스어가 완벽하니 지금까지 파리에서 생활한 누구보다도 충실한 나날을 보낼 것이다. 이것은 더할 수 없이 좋은 기회이다. 프랑스로 유학을 간 영국 청년들 대부분이 프랑스어를 능숙하게 구사하지 못했단다. 그뿐이라면 괜찮지만, 사람을 사귀는 법도 모르는 탓에 그들은 자기표현을 제대로 하지 못했단다. 때문에 그들에 대한 프랑스 사회의 평판도 좋지 않은 것은 당연하다. 그 결과 그들은 겁쟁이가 되고 말았다.

너는 겁쟁이가 되지 않도록 해라. 상대방이 남성이든 여성이든 두려워하고 자신감이 부족하면 수준 낮은 사람들과 어울릴 수밖에 없다. 무슨 일을 하든 '할 수 없다'고 지레 겁을 먹으면 하지 못하고, '할 수 없다'고 생각하면 그 일이 아무리 어려워도 마침내 이루는 법이다.

인간적으로 특별히 뛰어나지도 않고 교양이 없는데도, 쾌활하고 적극적이며 끈기가 있다는 것만으로 성공한 사람들을 너도 자주 보았을 것이다. 그런 사람들은 누구에게도 무시당하는 일이 없다. 어떤 곤란한 일을 당해도 좌절하는 일이 없다. 두세 번 넘어져도 다시 일어나서 돌진한다. 그리고 그들은 대부분 자기가 세운 뜻을 이루어낸다. 이 얼마나 훌륭한 일이냐!

너도 그들을 본받도록 해라. 너의 인격과 교양을 가지고 밀고 나가면 목표에 훨씬 빠르고 확실하게 도달할 수 있을 것이다. 너에게는 그만한 자질이 있다. 다시 일어설 만한 힘도 있다.

불가능에 도전하는 사람이 이긴다

사회에서 활동하려면 무엇보다 재능이 있어야 한다. 아울러 자기 생각이 확실해야 한다. 그렇다고 그것을 사람들 앞에서 드러낼 필요는 없다. 확고한 의지와 불굴의 인내심만 있다면 더 이상 무서울 것이 없다. 일부러 불가능에 도전할 필요는 없지만, 가능하다면 모든 방법을 동원해서 도전해라. 처음에는 어느 누구도 할 수 없다고 여기던 일도 하다 보면 가능해진다. 한 가지 방법으로 실패하면 또 다른 방법을 시도하고, 상대방에게 알맞은 방법을 찾아내면 된다.

역사를 조금 거슬러 올라가 보면, 굳은 의지와 끈기로 자신의 뜻을 이룬 사람이 상당히 많다는 사실을 깨달을 것이다. 마자랭(1602~1601 프랑스의 정치가) 추기경과 몇 차례에 걸친 교섭 끝에 조약을 체결한 돈 루이 드 알로 재상이 그렇다. 그는 타고난 냉정함과 끈기로 교섭을 유리하게 이끌어 중요한 몇 가지 점에서 하나도 양보하지 않으면서도 합의에 도달했다.

추기경은 이탈리아 사람을 대표할 정도로 매우 쾌활하고 성급한 성격이었다. 반면에 재상은 스페인 사람의 전형이라고 해도 좋을 정도로 냉정하고 침착할 뿐 아니라 인내력도 강했다. 교섭 테이블에 마주 앉은 추기경의 가장 큰 관심사는 파리에 있는 숙적의 계속되는 반란이었다. 그렇기 때문에 서둘러 조약을 체결하고 파리로 돌아가고 싶었다. 자기가 파리에 없으면 무슨 일이 일어날지 모르기 때문이었다.

이것을 알아차린 재상은 교섭 때마다 숙적에 대한 이야기를 꺼냈다. 그 때문에 추기경은 한때 교섭 테이블에 앉는 것을 거부하기도 했다. 결국 냉정함을 잃지 않은 재상은 추기경을 비롯하여 프랑스의 국익에 어긋나는 조약을 유리하게 체결하는 데 성공했다.

중요한 것은 불가능과 가능을 분별하는 힘이다. 아무리 어려운 일이라도, 그것을 이루겠다는 정신력과 끈기가 있다면 어떻게든 길이 열리는 법이다. 물론 그 전에 주의 깊은 태도와 집중력이 필요한 것은 두말할 나위도 없다.

세상에서 가장 사랑하는 내 아들아!

CHAPTER 07
예의 바른 유머로 품위를 갖춰라

남을 뒤에서 칭찬하고 있는가?
배려를 자연스럽게 할 수 있는가?

"어린이는 자기의 것이며 자기의 것이 아니다. 그러나 이미 분립해 있으니까
또 인류 속의 인간이기도 하다. 자기의 것이니까 한층 교육의 의무를 다하여
그들에게 자립할 수 있는 능력을 부여해주지 않으면 안 된다. 또한 자기의 것이
아니기 때문에 동시에 해방하고, 모든 것을 그들 자신의 것으로 해주며,
한 사람의 독립인으로 만들어 주지 않으면 안 된다." ─노신

29. 신뢰감 있는 교제를 해라

상대방이 자신의 말에 귀를 기울여 주는 것만큼 기쁜 일은 없을 것이다. 이야기 도중에 등을 돌리거나 인상을 쓰면서 듣는 것보다 모욕적인 것은 없다.

상대가 네게 어떻게 해주었을 때 기뻤느냐, 너도 그렇게 해라

아들아, 아미 앞에서 어떤 사람과 사귀어야 하는가를 이야기했으니, 오늘은 그 사람들과 사귀기 위해 어떤 태도를 지녀야 하는지에 대해 이야기하겠다. 이것은 내가 오랜 경험을 통해 얻은 깨달음이므로, 너에게 조금은 도움이 될 것이다.

먼저 말해 두고 싶은 것은, 아무리 훌륭한 사람들과 깊은 관계를 맺더라도 너에게 상대방을 기쁘게 해주려는 마음이 없으면 아무것도 이루어지지 않는다는 점이다.

언젠가 네가 스위스를 여행할 때, 그곳에서 너는 많은 사람들로부터 친절한 대접을 받아 매우 기뻤다며 내게 편지를 보내왔지. 그때 나는 너를 친절하게 대해 준 사람들에게 감사의 편지를 보낸 것은 물론 너에게도 그렇게 써 보냈던 것을 기억하느냐? 만약 다른 사람이 너에게 친절하게 대했다면 너 역시 그 사람에게 그와 같은 답례를 해야 한다. 네가 진심으로 친절하게 대할수록 상대방도 기뻐할 것이다. 이것이 사람을 사귀는 데 가장 중요한 원칙이 아니겠느냐?

사람은 누구나 사랑하는 사람이나 존경하는 대상에 대해서는 스스로 나서서 상대방을 생각하고 기쁘게 해주려는 마음이 솟구치는 법이다. 이런 마음 없이는 사람들을 기쁘게 해줄 수 없다. 이처럼 사람을 사귀는 데 가장 중요한 원칙은 상대방을 생각하는 마음이란다. 그 마음이 있다면 어떤 말과 행동을 해야 할지 스스로 알 수 있다.

사람을 기쁘게 하고픈 마음은 누구나 가지고 있지. 하지만 사람을 기쁘게 하는 방법을 아는 사람은 드물다. 너에게는 이것을 가르쳐주고 싶구나.

그렇다고 해서 특별한 법칙이 있는 것은 아니다. 한 가지 말하고 싶은 것은, 상대가 너에게 기쁨을 주었다면 너도 그 상대에게 기쁨을 되돌려주라는 것이다. 잘 생각해보렴. 상대방이 너에게 어떤 일을 해주셨을 때 네가 가장 기뻤는가를. 그것을 알았다면 그와 똑같이 상대방에게 해주는 것이 좋다. 그러면 상대방은 틀림없이 기뻐할 것이다.

대화는 독점하지 말고, 상대의 말에 귀를 기울여라

서로에게 기쁨을 주는 관계를 맺으려면 어떻게 해야 할까? 우선 혼자서 지루하게 떠들어대는 것은 좋지 않다. 만약 오랫동안 혼자 이야기해야 하는 경우라면, 최소한 듣는 사람이 지루해하지 않고 즐겁게 들을 수 있도록 마음을 써야 한다. 하지만 그것도 최소한으로 줄이는 것이 좋다.

다른 사람과 대화할 때 혼자서 계속 떠들어대는 사람을 자주 볼 수 있다. 그런 사람은 대개가 그곳에 있는 사람들 중에서 가장 어수선한 사람으로, 자기 자리에 돌아와서도 우연히 옆에 앉은 사람을 붙잡고 속삭이면서 계속 말을 이어간다. 이것은 예의에 어긋난 일이라고 생각하지 않느냐? 올바른 태도라고 할 수가 없다. 대화는 혼자가 아닌 여러 사람이 함께 만드는 것이기 때문이다.

하지만 반대로 네가 그런 사람에게 붙잡혔을 때, 어떻게 대처해야 할까? '더 이상 참을 수 없다'면서 박차고 일어설 것이냐? 그것은 오히려 그 사람보다 네 인격을 망가뜨리는 행동이다. 최소한 겉으로는 그 사람에게 주의를 기울이는 체하면서 참을 수밖에 도리가 없다. 반발하지는 마라. 그 사람으로서는 상대방이 자신의 말에 귀를 기울여 주는 것만큼 기쁜 일은 없을 것이다. 이야기 도중에 등을 돌리거나 인상을 쓰면서 듣는 것보다 모욕적인 것은 없다.

어리석은 사람은 자기 자랑을 한다

이야기의 내용에 대해서 말하마. 될 수 있으면 그곳에 있는 사람들이 좋아하면서도 도움이 될 수 있는 화제를 고르는 것이 좋다. 역사 이야기, 문학 이야기, 또는 다른 나라 이야기 등은 날씨나 옷차림, 소문 같은 것보다 훨씬 도움이 되고 즐거울 것이다.

가볍고 조금은 익살스러운 이야기가 필요할 때도 있다. 내용면에서는 아무런 도움도 되지 않지만, 사람들의 시선을 한데 모으기 위해서는 그것이 가장 적당하다. 그리고 가벼운 이야기는 협상이 험악하게 이어질 때 무거운 분위기를 한꺼번에 씻어준다. 그럴 때 잠시 재치 있는 주제를 들고 나올 수 있다는 것은 부끄러운 일이 아니다. 가볍게 음식에 관한 이야기를 하거나 포도주의 향기나 제조법에 관한 이야기로 화제를 돌린다. 아주 멋진 화술이라고 생각하지 않느냐?

상대방에 따라 화제를 바꾸라는 권고 따위는 새삼스럽게 할 필요도 없을 것이다. 너는 배우지 않았다고 해서 언제나 같은 화제를 같은 태도로 끄집어낼 정도의 바보는 아닐 테니 말이다.

정치가에게는 정치가에게 어울리는 화제가, 철학자에게는 철학자에게 어울리는 화제가 있다. 물론 여성에게는 여성 특유의 화제가 있는 법이다. 인생 경험이 풍부한 사람이라면 이런 것은 잘 알고 화제를 골라라. 이것은 교활하거나 천박한 태도가 아니다. 사람과의 교제에 없어서는 안 될 윤활유와도 같은 것이란다.

네가 반드시 그 모임의 분위기를 조성하는 사람이 될 필요는 없다. 분위기에 맞추는 편이 좋다. 그 모임의 분위기를 재빨리 읽고 때로는 진지하게, 또는 쾌활하게, 필요하다면 농담을 하는 것도 바람직하다. 이것은 많은 사람들과 자리를 같이 할 때의 에티켓과도 같다.

일부러 말을 하지 않더라도 자신에게 좋은 면이 있다면 그것은 자연스럽게 대화를 통해 드러나게 마련이다. 그리고 만약 자신 있게 말할 화제가 없다면 구태여 화제를 찾기보다는 상대방의 이야기에 조용히 맞장구만 쳐도 된다.

될 수 있는 한 의견이 대립되는 화제는 피하도록 해라. 그렇지 않으면 의견을 달리하는 쪽에서 험악한 분위기를 만들게 될 것이다. 논쟁이 고조될 기미가 보이면 화제를 돌리거나 농담을 해서 그 이야기에 종지부를 찍는 것이 좋다.

어떤 일이 있어도 자기 자랑을 늘어놓지 마라. 아무리 훌륭한 사람이라도 자기 자랑을 늘어놓으면 함께 있는 사람들에게 불쾌감만 안겨 줄 따름이다.

자기 이야기를 하는 데에도 여러 가지 방식이 있다. 이야기의 흐름과는 상관없이 자기 이야기를 꺼내어 결국에는 자기 자랑으로 끝나는 사람이 있는데, 이것은 실례도 이만저만한 실례가 아니다. 좀 더 교묘하게 자기 이야기를 꺼내는 사람도 있다. 자기가 터무니없는 비방을 받은 것처럼 행동하며, 그런 일은 부당하다는 듯이 자신의 장점을 늘어놓으면서 자신을 정당화한다. 하지만 이것 역시 결국에는 자기 자랑에 머물고 만다. 그들은 이렇게 말한다.

"이런 말을 하면 우스운 줄 잘 알아요. 그래서 나도 말하고 싶지 않지만 이건 말도 안 돼요. 내가 하지도 않은 일로 이렇게 비난을 받지 않았다면 입이 찢어져도 이런 말은 하지 않았을 거예요."

144

누구에게나 정의는 있다. 그래서 비난을 당하면 혐의를 벗기 위해서, 보통 때 같으면 입에 담지 않을 말까지 해도 된다고 주장한다면 그렇다고 수긍할 것이다. 하지만 그것은 너무나 얄팍한 생각이다. 자기의 허영심을 위해서라면 창피를 무릅쓰고 겸손함을 내팽개쳐도 좋단 말인가? 그 말의 속셈이 무엇인지는 누구나 쉽게 알 수 있다.

똑같이 자기 이야기를 하더라도 조금 덜 음험하게 자기를 비하시키는 방법을 택하기도 한다. 이것은 더욱 어리석은 짓이다. 우선 자기는 나약한 사람이라고 고백한다. 그 다음에 자신의 불행을 한탄한다. 하지만 이런 사람들은 그런 식으로 자신의 불행을 한탄해도 주위 사람들이 자신을 동정하거나 도와주지 않으며, 다만 곤혹스러워할 뿐이라는 것을 깨닫지 못한다. 본인이 매우 적절하게 말한 것처럼 여기는 그들에게는 힘이 부족하다. 따라서 도와줄 수도 없다. 주위 사람들은 난처해질 수밖에 없다.

그런데도 거기까지 생각이 미치지 못하는 그들은 자기가 바보 같은 짓을 하고 있다는 것을 알면서도 푸념을 늘어놓을 수밖에 없다. 물론 그들도 자기처럼 결점뿐인 사람은 성공은커녕 사회 속에서 제대로 살아가기 어렵다는 것을 알고 있다. 그렇다고 해서 상황이 달라지거나 성격이 바뀌는 것도 안다. 따라서 발버둥질 치면서 저항할 뿐이다.

"정말 그런 일이 있을까요?"

너는 이렇게 물을 것이다. 하지만 이것은 사실이다. 너 역시 그런 사람들을 만날 기회가 있을 테니 주의해서 보기 바란다.

이런 식으로 허영심이나 자존심을 겉으로 드러내지 않는 사람들은 그래도 괜찮은 편이다. 심한 경우에는 정말로 보잘것없는 것까지 끄집어내서 노골적으로 자기 자랑을 늘어놓는 사람도 있다. 너도 칭찬을 받고 싶다는 생각만으로 자기 자랑을 하는 사람들을 본 적이 있을 것이다. 하지만 그들의 이야기가 사실이더라도 그 때문에 실제로 칭찬을 받는 일은 없다.

자기와 관계가 없는 일, 즉 자기는 유명한 인물의 후손이라거나 친척이라는 것을 자랑스럽게 이야기하는 사람이 있을 것이다.

"우리 할아버지는 누구누구이다. 큰아버지는 누구누구이다. 내가 잘 아는 친구는 누구누구이다."

하지만 그가 말하는 사람들은 모두가 제대로 만나보지도 못한 사람들일 것이다.

그가 말한 것이 사실이라면 그것으로 좋다. 하지만 그래서 어쨌다는 말인가? 그렇다고 해서 그 사람 자신이 위대하단 말인가? 그렇지는 않을 것이다.

포도주를 대여섯 병 마셨다고 자랑스럽게 이야기하는 사람도 있다. 그 사람을 위해 굳이 한 마디 하겠는데, 그것은 새빨간 거짓말이다. 그렇지 않다면 그 사람은 괴물일 것이다.

인격은 가만히 있어도 드러나니 말하려고 하지 마라

사람은 누구나 허영심 때문에 바보 같은 말을 하거나 이야기를 과

146

장한다. 그 때문에 본래의 목적을 이루지 못하고 오히려 자기의 평판을 나쁘게 하고 만다. 본질과 전혀 관계가 없는 것을 자랑한다는 것은 알맹이가 없다는 것을 스스로 드러내는 것이나 다름없다.

이런 어리석은 행동을 하지 않는 유일한 방법은 자기 이야기를 하지 않는 것이다. 자기 이야기를 꼭 해야 할 때라도, 자랑하고 싶어서 이야기한다고 오해받을 말은 일체 삼가는 것이 좋다. 인격은 아무리 숨기려고 해도 자연스럽게 드러나기 마련이다. 그러므로 일부러 자기 쪽에서 말할 필요는 없다. 더구나 본인이 자기 입으로 말한다면 아무도 그것을 믿어주지 않을 것이다.

자기 입으로 말하면 결점이 감춰지거나 장점이 더욱 빛난다는 생각은 아예 버리는 것이 좋다. 그런 행동을 하면 결점은 더욱 돋보이고 장점은 흐려진다.

스스로 아무 말도 하지 않고 가만히 있으면 다른 사람들은 그가 오히려 장점이 있다고 생각하는 법이다. 최소한 겸손하다고 생각할 것은 확실하다. 무엇보다 불필요한 시기나 비난, 조롱을 받음으로써 정당한 평가에서 제외되는 일은 없다.

30. 하찮은 버릇으로 가치를 떨어뜨리지 마라

큰소리로 웃을 때라도 천박하게 보이지 않도록 해라. 기회 있을 때마다 껄껄거리며 웃는 것은 자기를 바보로 증명하는 것과 같다.

내면은 신중하되 외면은 개방해라

아들아, 너도 알다시피 무엇을 생각하는지 알 수 없는 사람이나 보기에도 성격이 어두운 사람이 있다. 그런 사람은 인상이 좋지 않을 뿐 아니라, 그 인상으로 인해 엉뚱한 혐의를 받기 쉽다. 게다가 무슨 생각을 하는지 알 수 없는 사람에게는 어느 누구도 자신의 마음속을 털어놓지 않을 것이다.

능력이 있는 사람은 내면은 신중하더라도 그것을 밖으로 나타내지 않으며, 겉으로는 어느 누구와도 쉽게 사귀고 스스럼이 없으며, 영리하게 행동한다. 자기가 지킬 것은 지키지만, 개방적으로 보임으로써 상대방으로 하여금 방어를 풀게 한다.

왜 자신을 굳게 지켜야 하는지 아느냐? 그것은 조심성 없이 무엇이든 털어놓으면, 대부분 그 말이 자기의 의도와는 달리 엉뚱한 곳에 이용되기 때문이다. 그러므로 싹싹하게 행동하는 것과 마찬가지로 신중하게 행동하는 것도 중요한 요소다.

상대방의 말을 귀가 아닌 눈으로 들어라

이야기를 할 때 시선은 항상 상대방의 눈을 향해라. 남의 시선을 피한다는 것은 죄책감이 있다는 표시다. 누구나 그런 사람을 의심스럽게 여기는 것은 당연하다. 게다가 이야기를 하는 상대방의 눈을 보지 않는 것처럼 큰 실례는 없으며, 용서받지 못할 일도 없다.

하늘만 쳐다보거나, 창밖을 내다보거나 다른 물건을 만지작거리지 마라. 그런 행동은 지금 너에게 말하고 있는 사람보다 그것이 더 중요하다고 공개적으로 시인하는 것과 같다. 그런 행동을 보고 어느 누가 화를 내지 않고, 얼굴을 찌푸리지 않겠느냐? 자존심을 가진 사람이라면 누구나 그렇게 할 것이다.

몇 번이나 말하지만, 이런 취급을 받고 자존심이 상하지 않는 사람은 아무도 없을 것이다.

상대방의 눈을 보지 않는다는 것은 이쪽의 인상을 나쁘게 할 뿐 아니라 자기 이야기가 상대방에게 어떻게 받아들여졌는가를 관찰할 기회를 스스로 포기하는 것과 같다.

웃음에도 품위가 있다

나서서 다른 사람에 관한 나쁜 소문에 귀 기울이거나 말을 퍼뜨리지 말도록 해라. 그런 짓은 너에게 아무런 이득도 되지 않는다. 오히려 소문의 당사자는 너를 소문을 퍼뜨린 장본인으로 여길 것이다. 더구나 남을 비난하면 그 화살은 반드시 너 자신에게 돌아올 것이다.

큰소리로 웃는 것도 좋지 않다. 큰소리로 웃는 것은 쓸모없는 일에서만 기쁨을 찾는 어리석은 사람이 하는 짓이다.

재치가 풍부한 사람, 분별 있는 사람은 다른 사람을 바보처럼 웃게 하거나 자기도 그렇게 웃지 않는다. 웃어도 소리를 내지 않고 미소만 지을 뿐이다.

큰소리로 웃을 때라도 천박하게 보이지 않도록 해라. 기회 있을 때마다 껄껄거리며 웃는 것은 자기를 바보로 증명하는 것과 같다.

예를 들어 누군가가 의자에 앉으려 한다고 생각해 보자. 그런데 의자가 없을 경우, 당연히 그 사람은 엉덩방아를 찧고 만다. 그때 "와!" 하고 폭소가 터진다면 이 얼마나 저속한 웃음이냐!

그들은 그것이 즐겁다고 하지만 얼마나 질이 낮고 도량이 좁은 즐거움이냐! 천박하고 나쁜 장난이나 시시한 우발 사건을 보고 큰소리로 웃으면 귀에 거슬리고 보기에도 흉하다. 그런 웃음은 약간만 노력해도 얼마든지 참을 수 있다. 그것을 참지 않는 것은 사람들 사이에 웃음이란 명랑하고 즐거우며 좋은 것이라는 이미지가 고정되어 있기 때문이다. 따라서 그것이 바보 같은 짓임을 깨닫지 못한다.

코를 만지거나 머리를 긁적이는 것도 나쁜 습관이다

이뿐만 아니라 사람은 좋지 못한 인상을 주는 버릇을 많이 가지고 있다. 처음으로 사회에 나왔을 때, 지루함을 달래기 위해 하던 어색한 동작이나 이상한 몸짓이 그대로 몸에 달라붙은 것이 아닐까? 사회에 첫발을 내디딜 때는 어떻게 해야 할지 몰라서 여러 가지 표정을 지어 보거나 갖가지 동작을 시도하기도 한다. 그것이 어느 사이에 버릇이 되어 지금도 손으로 코를 비비거나 머리를 긁거나 만지작거리는 것이다.

어딘지 모르게 어색하고 침착성이 없는 사람은 어딘가에 그런 버릇을 가지고 있는 법이다. 그런 사람은 주위에 많이 있다. 그렇다고 해서 그렇게 해도 좋다는 것은 아니다. 나쁜 짓은 아니지만, 역시 남이 보기에 좋지 않은 행동은 서둘러 고치는 것이 좋다.

31. 예의 바르게 유머로 품위를 갖춰라

농담뿐만이 아니다. 어떤 모임에서 들은 이야기를 다른 모임에 가서 경솔하게 입에 담는 일은 삼가도록 해라. 이를 대단치 않게 생각하겠지만, 그 말이 돌고 돌아서 상상 이상으로 중대한 사태를 몰고 올 수 있다.

남의 얘기를 함부로 누설하지 마라

재치나 유머나 농담은 어떤 특정 집단 안에서만 통용되는 경우가 많단다. 그런 것은 특수한 토양 속에서만 생겨나는 것이다. 다른 땅에 옮겨 심으려고 해도 잘 안 되는 경우가 많다. 어떤 조직에도 그 조직 특유의 배경이 있다. 거기에서 독특한 표현이나 말이 우러나고, 나아가 독특한 유머나 농담이 생기는 법이다. 그것을 토양이 다른 조직에 옮겨 놓으면 무미건조하고 아무런 재미도 없는 것은 당연하다.

재미없는 농담만큼 비참한 것은 없다. 좌석은 흥이 깨지고, 심한 경우에는 무엇이 우스운지 설명해달라는 말까지 나온다. 그럴 때의 비참한 심정은 구태여 밝힐 필요도 없을 것이다.

농담뿐만이 아니다. 어떤 모임에서 들은 이야기를 다른 모임에 가서 경솔하게 입에 담는 일은 삼가도록 해라. 이를 대단치 않게 생각하겠지만, 그 말이 돌고 돌아서 상상 이상으로 중대한 사태를 몰고 올 수 있다. 더구나 그런 짓을 하는 것은 예의에 어긋난다. 규약은 없지만, 어딘가에서 들은 이야기의 내용을 함부로 누설하지 않는다는 것은 묵시적인 약속과도 같다. 그것을 지키지 않는다면 여기저기에서 비난을 받고, 어디를 가도 환영받지 못한다.

자기 의견이 없는 '좋은 사람'은 되지 마라

어느 집단에나 '좋은 사람'이 있다. 그들은 좋은 사람이라는 것만으로 그 집단에 들어온 사람이다. 그들을 자세히 관찰하면, 사실은 아무런 쓸모도 없고 자기의 의견도, 의지도 없는 사람인 경우가 적지 않다.

그들은 동료들이 한 일이나 말이라면 어떤 것이든 그대로 동의하고 양보하며 칭찬을 아끼지 않는다. 아무리 잘못되고, 어리석은 일이라도 대부분의 동료가 거기에 우연히 동의했다는 이유만으로 아주 쉽게 영합하고 만다. 왜 이런 바보 같은 짓을 하는가? 그것은 그렇게 하는 것 외에는 그 어떤 의견도 갖고 있지 않기 때문이다.

너는 너만의 특별한 가치로써 한 집단의 일원에 속하기를 바란다. 그렇게 되도록 노력하기 바란다. 그러기 위해서는 자신의 의지와 생각을 갖고, 그것을 쉽게 바꾸지 않는 것이 중요하다. 그것을 표현할 때는 예의 바르게 유머를 가지고, 될 수 있으면 품위를 갖추고 임하기 바란다. 아직 너는 위에서 남을 내려다보며 말하거나 남에게 비난이 섞인 말을 할 나이는 아니다.

좋은 사람의 아첨을 못 본 체하고 눈에 거슬리는 말과 행동을 대범하게 넘길 뿐 아니라, 친절을 베푸는 행위를 해야 할 경우도 있을 것이다. 하지만 이것만은 알아두어라. 아첨을 받는 쪽도 칭찬을 해주면 기뻐하지만, 칭찬을 해주지 않으면 그 이상 향상되지 않는다는 것을 말이다.

그 집단의 중심인물을 순순히 따르라

어느 집단에나 그 집단의 화술이나 옷차림, 취미나 교양을 좌우하는 인물이 있다. 여성이라면 당연히 미모, 재치, 옷차림, 그 밖의 모든 것에 걸출한 사람일 것이다. 남성도 비슷하겠지만, 그날의 모임을 흥겹게 이끌고 가는 것보다, 좀 더 근본적인 부분에서 그 집단 전체를 이끌어갈 수 있는 인물이냐가 결정적인 요소가 된다. 모든 사람들의 시선이 이런 사람에게 쏠리는 것은 자연스러운 추세다. 일종의 위압감이 작용한 것이리라.

이런 사람을 따르지 않으면 어떻게 되는지 아느냐? 즉시 추방당한다. 그 어떤 재치도, 예의도, 취미도, 옷차림도 그 자리에서 거절당한다. 그렇기 때문에 그런 사람에 대해서는 순순히 따르도록 해라. 어느 정도의 아첨도 괜찮다. 그렇게 하면 확실한 추천장을 얻은 것이나 다름없다. 그 집단은 물론 다른 집단에까지 자유롭게 출입할 수 있는 통행증을 손에 넣은 것과 같다.

32. 자연스럽게 배려하는 사람이 되어라

사람에게는 저마다 버릇이나 취미, 좋고 싫어하는 것이 있을 것이다. 그것을 유심히 관찰해라. 그리고 상대가 좋아하는 것은 눈앞에 내밀고 싫어하는 것은 감추어라. "당신이 좋아하는 술을 준비해두었습니다."라고 말하는 것으로 족하다.

사람은 사소한 배려에 감동한다

사랑하는 아들아, 다른 사람을 화나게 하기보다는 기쁘게 해주고 싶고, 욕먹는 것보다는 칭찬을 듣고 싶고, 미움을 받기보다는 사랑을 받고 싶다면 언제나 상대방에게 마음 쓰는 것을 잊지 마라. 그것도 아주 작은 일이면 된다.

사람에게는 저마다 버릇이나 취미, 좋고 싫어하는 것이 있을 것이다. 그것을 유심히 관찰해라. 그리고 상대가 좋아하는 것은 눈앞에 내밀고 싫어하는 것은 감추어라. "당신이 좋아하는 술을 준비해두었습니다."라고 말하는 것으로 족하다. "그분을 그다지 좋아하지 않으시는 것 같아서 오늘은 초대하지 않았습니다."라고 말해도 좋다. 눈에 띄지 않는 배려가 상대방의 마음을 열게 하고, '나에게 이토록 신경을 써주는구나.' 싶어 감격한다.

그 반대로 상대가 싫어하는 것을 알면서도 부주의 때문에 그것을 내놓는다면 어떨까? 바보 취급을 당했다고 생각하거나 경멸을 당했다고 여겨, 너에 대해 언제까지나 좋지 않은 감정을 품을 것이다.

사소한 것도 상관없다. 오히려 사소한 것일수록 특별한 마음의 배려를 느끼고, 크게 배려해준 것보다 더 감격할 것이다. 나도 작은 배려에 매우 기뻐한 경험이 있을 것이다. 사람이라면 누구나 지니고 있는 허영심이 그 일로 얼마나 만족되는가를 경험했을 것이다. 그뿐만이 아니다. 단지 그 정도의 일로 기뻐한 상대방은 그 뒤 너에게 큰 호의를 갖고, 네가 하는 일 모두를 호의적으로 받아들인다. 사람이란 그런 것이다.

남이 칭찬받고 싶어하는 것을 칭찬해라

네가 존경하거나 좋아하는 사람에게 사랑을 받고 싶거나 그와 친구가 되고 싶다면, 그가 칭찬받고 싶어하는 것을 칭찬해라. 사람에게는 실제로 뛰어난 부분과 뛰어나다고 인정받고 싶어하는 부분이 있는 법이다.

뛰어난 부분에 대해 칭찬받는 것은 기쁘지만, 그 이상으로 기쁜 것은 뛰어나다고 인정받고 싶어하는 부분에 대해 칭찬받는 것이다. 이것처럼 자존심을 만족시켜 주는 일은 없다고 해도 과언이 아니다.

156

어떤 사람이나 칭찬을 받고 싶어한단다. 그것을 찾아내기 위해서는 우선 관찰해야 한다. 그 사람이 즐겨 화제로 삼는 것을 주의 깊게 살려 보도록 해라. 대개는 자기가 칭찬받고 싶은 일, 뛰어나다고 인정받고 싶은 것을 가장 많이 화제에 올리는 법이다. 거기에 급소가 있다. 그곳을 찌르면 더없이 간단하게 상대방을 공략할 수 있다.

결점에는 눈을 감아라

하지만 오해하지는 마라. 아첨을 이용해서 상대방을 조롱하라는 뜻은 결코 아니다. 상대방의 결점이나 나쁜 행동까지 칭찬할 필요는 없고, 칭찬해서도 안 된다. 그것은 오히려 증오해야 하며 지적해야 할 대상이다.

생각해보렴. 인간의 결점이나 천박하지만 어린아이 같은 허영심에 눈을 감지 않으면 도저히 이 세상을 살아갈 수 없는 법이다. 누군가가 실제보다 현명하게 보이고 싶다거나 아름답게 보이고 싶다고 생각하더라도 그것이 누구에게 해가 되는 것은 결코 아니다. 오히려 순진하다고 해야 옳을 것이다. 그런 사람들에게 그렇게 생각하는 것은 잘못되었다고 말해도 아무 소용이 없다. 잘못된 부분을 지적해서 불쾌감을 주는 것보다는 다소 아첨해서라도 그들에게 좋은 인상을 주고, 친구가 되는 쪽이 훨씬 낫다.

상대방에게 장점이 있다면 너도 기꺼이 찬사를 보낼 수 있을 것이다. 하지만 너로서는 그다지 찬성할 수 없는 일이라도 그 사회에서 인정받는 것이라면 눈을 감고 찬성하는 편이 좋단다.

너는 남을 칭찬하는 데 그다지 익숙하지 못하더구나. 그것은 사람이 얼마나 자기의 생각이나 기호를 인정받고 싶어하는지, 나아가 분명히 잘못된 생각이나 자기의 사소한 결점까지 대범하게 생각해주기를 바라는지 아직도 잘 모르기 때문이다. 우리는 자신의 생각뿐 아니라 버릇이나 옷차림과 같은 보잘것없는 것에서도 비방을 받으면 상처를 입는다. 반면 인정을 받으면 기뻐하지.

재미있는 이야기를 한 가지 소개하마.

찰슨 2세가 통치하던 때의 일이다. 당시 대법관으로 활동하던 샤프츠베리(1621~1783, 영국의 정치가) 백작은 대신으로서뿐 아니라 개인적으로도 왕의 총애를 받고 싶었다. 그래서 왕이 여자를 좋아한다는 사실을 이용해 한 가지 계책을 생각해내고는 자기도 첩을 두었다. 물론 실제로는 그 여자를 가까이하지 않았다.

"그것이 사실이오?"

백작이 애인을 두었다는 소문을 들은 왕이 그에게 물었다. 그러자 그는 이렇게 대답했다.

"사링입니다. 그 여자 외에도 몇 명이 더 있습니다. 생활에 변화를 주는 것은 좋은 일이니까요."

며칠 뒤, 모든 신하들이 왕을 접견할 때였다. 왕은 저만치 있는 그를 보자 주위의 신하들에게 이렇게 말했다.

"모두들 믿지 않겠지만, 저기에 있는 저 겁쟁이 사나이가 이 나라에

158

서 제일가는 호색한이라네."

그가 가까이 다가오자 왕은 웃음을 참지 못한 채, 이렇게 말했다.

"지금 자네 이야기를 하고 있었다네."

"예? 제 이야기를요?"

"그래, 자네가 이 나라에서 제일가는 호색한이라고 말했네. 그렇지 않은가? 내 말이 틀렸나?"

그는 이렇게 말했다.

"아, 그 이야기 말씀입니까? 그 이야기라면 아마 제가 최고라고 믿습니다."

왕이 얼마나 기뻐했는지는 너도 쉽게 상상할 수 있을 것이다.

사람은 각기 특유의 사고방식과 행동양식, 성격, 외모를 가지고 있다. 그것들에 대해서는 최소한 이쪽에서는 말하지 않는 것이 일종의 약속처럼 되어 있단다. 때문에 상대가 어느 정도 자기와 달라도 그것이 특별히 나쁜 영향을 주거나 자기의 위신을 손상시키는 것이 아닌 이상 그대로 두는 것이 중요하다.

상대가 듣지 않는 곳에서 칭찬해라

상대방을 가장 기쁘게 하는 것은 그가 듣지 않는 곳에서 칭찬하는 것이다. 그런데 뒤에서 칭찬해서는 의미가 없다. 그 말이 확실하게 칭찬한 상대방에게 전달되도록 해야 한다. 상대가 듣지 않는 곳에서 칭찬하되 그 칭찬한 것을 상대에게 전해줄 만한 사람을 찾는 일이 중요하다. 그 말을 전달함으로써 자신도 득을 얻을 수 있어야 하기 때문이다. 그래야 확실히 전달해줄 뿐 아니라 과장해서 칭찬하기까지 할 것이다. 남에 대한 찬사 중에서 이처럼 기쁜 것, 효과적인 것은 없다.

지금까지 말한 내용들은 사회에 첫발을 내디디려는 네가 기분 좋은 교제를 하는 데 필요한 것이라고 생각해도 좋다. 나도 네 나이 때 이런 것들을 알았다면 얼마나 좋았을까 싶다. 나의 경우에는 이것을 아는 데 30년 이상의 긴 세월이 걸렸다. 하지만 지금 네가 그 열매를 네 것으로 만들어준다면 후회는 없다.

33. 친구는 많고, 적은 없는 사람이 되어라

내가 지금까지 살아온 오랜 경험을 통해 말하면, 친구는 많고 적은 많지 않은 사람이 이 세상에서 가장 강하다. 그런 사람은 원한을 사거나 시기를 받는 일이 없기 때문에 설령 몰락하더라도 사람들의 동정을 받아 우아하게 몰락한다.

오몬드 공작을 본받아라

내가 지금까지 살아온 오랜 경험을 통해 말하면, 친구는 많고 적은 많지 않은 사람이 이 세상에서 가장 강하다.

그런 사람은 원한을 사거나 시기를 받는 일이 없기 때문에 설령 몰락하더라도 사람들의 동정을 받아 우아하게 몰락한다.

이렇게 친구가 많고 적이 적다는 것은 항상 마음에 두고 노력해볼 만한 가치가 있는 하나의 목표가 아니겠느냐?

너는 이미 세상을 떠난 오몬드(1610~1688, 아일랜드의 정치가) 공작의 이야기를 들은 적이 있느냐? 그는 비록 머리는 좋지 않았지만 예의범절에 있어서는 비교할 사람이 없는, 최고의 인품을 자랑했던 인물이었단다. 본래 싹싹하고 다정한 성격일 뿐 아니라 궁정이나 군대 생활에서 몸에 밴 유연한 태도와 자상한 마음씨가 더해져서, 그 매력은 이 사람의 능력을 보충하고도 남을 정도였다. 그의 능력은 누구에게서도 평가받지 못했지만, 그의 그런 매력만큼은 모두에게 사랑을 받을 만큼 훌륭했지.

그 인품이 가장 분명하게 나타난 것은 앤 여왕이 죽은 뒤, 불온한 움직임을 보인 사람들이 탄핵 재판을 받았을 때였다. 그도 같은 행동을 취한 혐의로 형식상 같은 처벌을 받을 위기에 처했다. 탄핵을 받기는 했지만 당시 정당 간의 치열한 다툼에도 불구하고, 그에 대한 탄핵은 그를 철저히 파괴하려는 것과는 거리가 멀었다. 왜냐하면 그에 대한 탄핵 결의안은 다른 어느 누구보다도 훨씬 많은 반대표로 상원을 통과했기 때문이다.

또 탄핵의 장본인이기도 했던 당시의 국무대신 스탠호프 씨가 앤 여왕의 뒤를 이은 조지 1세와 의논하여, '내일은 공작을 왕에게 접견시킨다'는 준비까지 세워놓았을 때였다. 오몬드 공작을 빼앗겨서는 이 소송에서 승리할 수 없다고 판단한 스튜어트 왕조 부활파의 로체스터 주교가 서둘러 이 불쌍한 공작에게 달려가서, "조지 1세와 접견해 보았자 불명예스러운 복종만 강요당할 뿐 용서받을 수는 없다."고 속여 오몬드 공작을 피신시켰다.

이 문제로 그 뒤 오몬드 공작의 모든 특권을 박탈하는 투표가 가결되었을 때도, 그것에 항의하여 대중이 들고 일어나는 엄청난 소동이 있었지. 그것은 거의 치안을 문란하게 할 정도였단다. 공작에게는 적이 없었을 뿐 아니라 그에게 호감을 가지고 있는 사람들이 수천 명이나 있었기 때문이다.

내가 인생을 다시 산다면, 사랑 받는 사람이 되고 싶다

어쨌든 그 원인을 따져보면 공작이 남을 기쁘게 해주고자 하는 어진 성품을 가지고 있었으며, 그것을 몸으로 실천했다는 데 있음을 알 수 있다.

어진 성품만큼 합리적인 것은 없단다. 한 사람을 훌륭하게 키우는 것은 다른 사람들의 호의이고 애정이며 선의이다. 이것을 손에 넣으려면 어떻게 해야 좋을까? 이를 위해서는 우선 손에 넣으려고 노력하는 것이 중요하다. 지금까지 노력하지 않고 얻은 사람은 한 사람도 없었으니 말이다.

내가 여기서 사람들의 호의나 애정이라고 말한 것은 단순히 연인 사이의 감상적인 감정이나 친구 사이의 우정처럼 가까운 관계에만 한정되는 것이 아니다. 우리가 여러 부류의 사람들과 관계를 맺을 때, 그 사람에게 알맞은 기쁨을 줌으로써 손에 넣을 수 있는 좀 더 광범위한 호의, 애정, 선의를 가리킨다. 이런 좋은 감정은 그 사람의 이해와 대립하지 않는 한 언제까지나 지속된다.

만약 누군가가 나에게 지금까지 겪어 온 40년 이상의 경험을 가지고 스무 살부터 다시 인생을 시작해보라고 한다면, 나는 인생의 대부분을 많은 사람들로부터 사랑을 받을 수 있도록 노력하는 데 쓰고 싶다.

이제 옛날처럼 나를 멋진 남성으로 주목해주길 바라거나 여성의 마음을 사로잡는 일에만 정성을 쏟고, 다른 사람들은 아무래도 좋다는 행동은 하지 않겠다는 것이다.

만약 자기가 주목했던 인물에 대한 평가가 좋지 않게 내려졌다면, 그 밖의 사람들은 화가 나 있을 것이고, 자신은 이 양쪽에서 어느 쪽에 서야 좋을지 몰라 길거리에서 방황하게 마련이다. 이것보다는 많은 사람들로부터 사랑받고 그 속에서 편안하게 있는 편이 낫다. 그것이 가장 큰 후원자다.

누구나 성품이 어진 사람에게는 약한 법이란다. 이 어진 사람들의 후원을 받는 사람은 성공할 가능성도 높다. 여성도 성품이 어진 남성에게는 마음이 끌리지 않느냐. 성품이 어진 사람일수록 우아한 태도, 진지한 눈매, 배려하는 마음, 상대방이 기뻐하는 말, 분위기, 옷차림 등 아주 사소한 데에도 관심을 가진다. 그런 사람일수록 상대방의 마음을 쉽게 사로잡을 수 있다.

내가 지금까지 만난 사람들 중에는 외모는 아름답지만 내 마음을 사로잡지 못하는 여성, 사리 분별에는 뛰어나지만 아무리 해도 가까이 할 수 없는 인물이 많이 있었다. 왜 그런지 너도 잘 알 것이다. 그렇다. 그들은 자신의 아름다움과 능력에 자신만만해 있었기 때문에 다른 사람의 마음을 사로잡는 법을 몸에 익히는 데 게을리 했단다. 이 얼마나 큰 실수냐!

164

반면에 외모는 결코 아름답다고 할 수 없지만 기품이 넘쳐흐르고, 상대방을 기쁘게 해주는 여성에게는 마음이 저절로 움직이게 된다.

겉으로 드러난 아름다움은 잠시 동안 시선을 사로잡을 뿐이지만, 진정한 아름다움은 평생 변하지 않는다. 아들아, 너는 그 아름다움이 무엇인지 알겠느냐?

CHAPTER 08
자연스럽게 배려하는 사람이 되어라

학문만이 공부는 아니다.
"자식을 아는 것은 현명한 아버지다." −셰익스피어

34. 철두철미하게 품위를 지켜라

깨끗한 옷차림, 상냥한 태도, 절도 있는 몸가짐, 기분 좋은 목소리, 구김살 없는 표정, 상대방에 맞추면서도 또렷한 대화, 이런 사소한 것들이 사람의 마음을 사로잡고 놓아 주지 않는 법이다.

사람도 건축물처럼 우아해야 한다

아들아, 너라는 자그마한 건축물도 이제 그 뼈대가 거의 완성되고 있구나. 나머지를 아름답게 마무리하는 것이 너의 의무이며, 그것이 나의 관심사다. 너는 모든 우아함과 소양을 몸에 익혀다오. 그것들은 뼈대가 튼튼하지 않으면 보잘것없는 장식에 불과하지만, 뼈대가 튼튼하면 건축물을 돋보이게 한단다. 아니, 오히려 아무리 튼튼한 뼈대라도 장식이 없으면 매력이 반감되는 경우도 있다.

너는 토스카나식 건축을 잘 알 것이다. 모든 건축 양식 중에서 가장 튼튼하지만 동시에 가장 밋밋한 양식이기도 하다. 튼튼하다는 점에서는 큰 건축물의 기초나 토대에는 안성맞춤이지만, 만일 이것으로 건물 전부를 세운다면 어떻게 되겠느냐? 아무도 그 건물에 시선을 두지 않을 것이며, 그 앞에서 멈춰 서는 사람도, 하물며 안으로 들어가 보려는 사람은 더욱 없을 것이다. 건물이 밋밋하고 딱딱하다 보니 구태여 안으로 들어가서 마무리나 장식을 볼 필요도 없다고 생각하는 것도 무리는 아닐 것이다.

그런데 토스카나식 토대 위에 도리스식(고대 그리스의 3대 건축 양식의 하나), 이오니아식(고대 그리스의 3대 건축 양식의 하나), 코린트식(고대 그리스의 건축·공예의 한 양식)의 기둥이 늘어서서, 서로가 아름다움을 겨룬다면 어떨까? 건축물 같은 것에 흥미가 없는 사람들이라도 자기도 모르게 시선을 빼앗기고, 아무리 바쁘게 지나가는 사람이라도 자기도 모르게 발걸음을 멈출 것이다. 그리고 안을 보여달라고 말하며, 실제로 안으로 들어가 볼 것이다.

자신을 돋보이게 하는 재능은 무얼까?

여기에 한 사람이 있다. 지식과 교양은 보잘것없지만 인상이 좋고 이야기하는 태도에도 호감이 간다. 말하는 것과 행동하는 것 모두에 품위가 있고, 정중하며 애교가 있다. 말하자면 자신을 돋보이게 하는 재능이 있는 사람이다. 여기에 또 한 사람이 있다. 지식이 풍부하고 판단력도 정확하다. 하지만 앞에서 말한 사람에게 있는, 자신을 돋보이게 하는 재능은 결여되어 있다.

그러면 이 두 사람 중 어느 쪽이 세상의 풍파를 잘 헤쳐 나갈 수 있겠느냐? 물론 틀림없이 전자다. 장식품을 많이 단 사람이 그렇지 않은 사람을 제 마음대로 움직일 것이다.

그다지 현명하다고 할 수 없는 사람들(전 인류의 4분의 3은 그럴 것이다)의 마음을 사로잡는 것은 언제나 겉모습이란다. 그들에게는 예의범절이나 몸가짐, 사람과 어울리는 방법이 전부다. 그 이상 내면을 들여다보려고 하지 않는다.

하지만 그것은 지혜로운 사람도 마찬가지다. 지혜로운 사람도 눈이나 귀에 거슬리는 것이나 마음에 자극을 주지 않는 것에 대해서는 머리가 따라가지 않는 법이다. 그럼 그들은 무엇이 다를까?

오감에 호소하되 철저히 품위를 지켜라

사람의 마음을 사로잡고 싶다면 우선 상대방의 오감에 호소하는 것이 중요하다. 상대방의 눈을 기쁘게 해주고 귀를 즐겁게 해주어라. 그렇게 해서 이성을 꼼짝 못하게 해놓고 마음을 빼앗는 것이다. 이런 의미에서 나는 너에게 "철두철미하게 품위를 지키라."고 권하고 싶구나. 같은 일이라도 품위가 느껴지는 것과 그렇지 않은 것과는 받아들이는 쪽에 하늘과 땅만큼의 큰 차이가 생기는 법이다.

생각해보렴. 행동도 침착하지 못하고, 몸가짐도 단정하지 못하며 말도 더듬거나 조그만 소리로 우물우물하고, 주의를 집중하지 않는 사람에게서 어떤 인상을 받겠느냐? 그 사람에 대해서 아무것도 몰라도, 어쩌면 그가 훌륭한 재능을 지녔어도 내면까지 상상할 마음의 여유 없이 그 사람을 마음속에서 거부하지 않을까? 반대로, 하는 일 모두에 골고루 신경을 써 품위가 느껴진다면 어떨까? 내면 같은 것은 모르더라도 본 순간에 마음을 빼앗겨 그 사람에게 호의를 가질 것이다.

무엇이 그토록 사람의 마음을 끌어들이는가를 설명하기는 어렵다. 하지만 한 가지 말할 수 있는 것은 말로는 설명할 수 없는 그 무엇, 사소한 동작이나 말 하나만으로는 그다지 빛나지 않지만 많이 모이면 찬란하게 빛남으로써 사람의 마음을 사로잡고 놓아주지 않는다는 사실이다. 마치 모자이크가 한 조각만으로는 아름답지 않지만 모이면 하나의 무늬를 만들어 아름답게 보이는 것과 같다.

깨끗한 옷차림, 상냥한 태도, 절도 있는 몸가짐, 기분 좋은 목소리, 구김살 없는 표정, 상대방에 맞추면서도 또렷한 대화, 이런 사소한 것들이 사람의 마음을 사로잡고 놓아주지 않는 법이다. 적어도 나는 그렇게 생각한다.

35. 다른 사람의 장점을 흉내내라

우선 처음 보았을 때 시선이 끌리고 호감이 가는 사람이 있다면, 그의 어떤 말과 행동이 상대방을 매료시키는지 관찰해라. 호감을 받는 사람과 그렇지 못한 사람의 차이는 무엇일까? 그것은 말과 행동, 즉 그 내용은 같아도 태도가 전혀 다르다는 데 있다.

호감 가는 사람의 말과 행동을 꼼꼼히 따라해라

아들아, 어떻게 해야 사람의 마음을 사로잡는 행동을 몸에 익힐 수 있겠느냐? 네가 만약 훌륭한 사람들과 빈번하게 교류할 수 있는 입장에 있고, 그런 기회가 있다면, 그리고 너에게 그런 생각이 있다면 반드시 할 수 있다. 훌륭한 사람들을 주의해서 관찰하고 그대로 행동하면 된다. 그렇게 하면 너도 할 수 있단다.

우선 처음 보았을 때 시선이 끌리고 호감이 가는 사람이 있다면, 그의 어떤 말과 행동이 상대방을 매료시키는지 관찰해라. 무엇이 그토록 좋은 인상을 주는지 생각하기 바란다. 여러 가지 이유가 있겠지만 겸허하나 당당한 태도, 경의를 표하되 비굴하지 않은 모습, 우아하고 꾸밈이 없는 행동, 절도 있는 몸가짐을 지니고 있을 것이다.

아무튼 그것을 알아냈다면 일단 따라해 보아라. 그때 자기를 버리고 흉내 내지는 마라. 위대한 화가가 다른 화가의 작품을 모방하듯이 아름다움이라는 관점에서나 자유라는 관점에서, 결코 원작에 뒤떨어지지 않도록 꼼꼼히 따라해야 한다.

현명한 사람을 흉내내면 자신의 것이 된다

모든 사람들로부터 예의범절도 훌륭하고 호감을 가질 만한 인물로 인정받는 사람을 만나면, 그 사람도 주목해서 주의 깊게 관찰하는 것이 좋다. 윗사람에게 어떤 태도와 말씨로 대하는가, 자기보다 지위가 낮거나 나이가 적은 사람에게 어떻게 행동하는가, 다른 사람과 함께 할 때 어떤 내용으로 대화를 나누는가, 식탁에서는 어떤가, 술자리에서는 어떤가 등등을 똑똑히 관찰해서 그대로 해보도록 해라. 다만 원숭이를 흉내 내듯이 하지는 마라. 그것은 그 사람의 복제품이 되기 때문이다.

그렇게 노력하는 동안에 너는 깨달을 것이다. 그 사람이 결코 남을 소홀히 다루거나 무시하지 않고, 자존심이나 허영심을 손상시키는 일은 절대로 하지 않는다는 사실을 말이다. 그와 동시에 상대하는 사람에 맞추어 경의를 표하거나 평가하거나 배려하는 등 상대방을 기쁘게 해서 마음을 사로잡는다는 것도 알 수 있을 것이다. 결국 뿌리지 않는 씨앗은 싹이 돋지 않는 법이다. 호감을 얻는 사람은 그 스스로 정성을 다해 씨를 뿌렸기 때문에 알찬 열매를 거둬들일 수 있는 것이다.

호감을 얻을 수 있는 몸가짐은 실제로 흉내를 계속 내는 동안에 반드시 몸에 밴단다. 그것은 현재의 너 자신을 돌아보면 금방 알 수 있을 것이다. 현재의 너는 절반 이상은 다른 사람을 따라함으로써 이루어진 것이 아닐까? 중요한 것은 좋은 모범 대상을 선택하는 것, 그리고 무엇이 좋은가를 확인하는 것이다.

사람은 평소에 이야기를 자주 나누는 상대방에게서 풍기는 분위기, 태도, 장점이나 단점뿐 아니라 사고방식까지 무의식중에 받아들인다. 내가 아는 사람들 가운데 몇 명은 그다지 대단한 두뇌를 갖고 있지 않으면서도, 평소에 현명한 사람들과 사귀는 까닭에 생각지도 못한 멋진 기지를 발휘하는 것을 보았다.

내가 항상 말하듯이, 너 역시 훌륭한 사람들과 사귀는 동안 자기도 모르는 사이에 그들처럼 될 수 있다. 거기에 집중력과 관찰력이 더해지면 그들과 같은 위치에 이를 수 있다.

모든 사람이 스승이 될 수 있다

주위에 호감이 가거나 현명한 사람이 없다면 어떻게 해야 할까? 그렇다면 누구든지 좋으니, 주변에 있는 사람을 주의 깊게 관찰하도록 해라. 아무리 훌륭한 사람이라도 모든 장점을 다 가지고 있지 않으며, 아무리 어리석은 사람이라도 반드시 그 나름대로 장점을 갖고 있다. 그들의 장점을 찾아내어 네 삶의 거울로 삼아라.

174

호감을 받는 사람과 그렇지 못한 사람의 차이는 무엇일까? 그것은 말과 행동, 즉 그 내용은 같아도 태도가 전혀 다르다는 데 있다. 그것이 호감을 사는 가장 중요한 이유다.

세상에서 환영받는 인물과 품위를 전혀 느낄 수 없는 인물 사이에는 별반 다른 것이 없다. 둘 다 이야기하고, 행동하고, 옷을 입고, 먹고 마신다. 다만 다른 것은 그 방법과 태도뿐이다.

그러므로 어떤 화술, 걸음걸이, 식사 방법 등이 다른 사람들에게 불쾌한 인상을 주는지 자세히 관찰한다면, 네가 어떻게 하면 좋은지 스스로 알 수 있을 것이다.

36. 표정을 닦으면 마음도 닦인다

우선 눈가에는 항상 부드러운 표정을 띄우도록 해라. 그리고 전체적으로는 미소를 짓는 듯한 모습이 좋다. 그런 면에서 성직자의 표정을 보고 배우는 것이 좋다.

사소한 동작이 사람의 마음을 사로잡는다

실제로 사람의 마음에 호소하려면 어떻게 해야 할까? 아래에 몇 가지 항목으로 정리해놓았다. 너에게 참고가 되었으면 좋겠구나.

지난번에 너에 대해서 칭찬을 아끼지 않는 하비 부인에게서 편지를 받았단다. 그 편지에, 네가 어떤 장소에서 춤을 추는 것을 보았는데, 매우 우아한 동작이었다고 하더구나. 나는 매우 기뻤다. 우아하게 춤출 수 있다면 걷는 것도, 서는 것도, 앉는 것도 우아하게 할 수 있을 것이라고 생각했기 때문이다.

서고 걷고 앉는 것은 단순한 동작이지만, 춤을 잘 추는 것보다도 훨씬 더 중요하다. 내 친지 중에도 춤은 서툴지만 몸동작이 우아한 사람

176

들이 있다. 그리고 춤도 잘 추면서 몸동작도 괜찮은 사람도 있다.

우아하게 걷고, 우아하게 설 수는 있어도 우아하게 앉을 수 있는 사람은 좀처럼 찾아보기 힘들다. 다른 사람 앞에 나가기만 하면 위축되는 사람은 부자연스럽게 등을 펴고 경직된 자세로 앉는다. 이것은 아주 친한 사이가 아닌 한 좋은 인상을 주지 못한다.

마음을 편안히 갖고, 다른 사람에게도 그렇게 보이듯이 여유 있게 앉아야 하며, 경직된 자세를 취하지 말고, 힘을 빼고 자연스럽게 행동해야 한다. 아마 너는 이미 익혔겠지만, 그렇지 않다면 될 수 있는 대로 이것에 가깝도록 연습하는 것이 좋다.

사소한 동작의 아름다움이 사람의 마음을 사로잡는 법이다. 그것은 직장에서도 마찬가지다. 우아한 몸동작이 얼마나 사람의 마음을 사로잡는지 명심하도록 해라.

어떤 여성이 부채를 떨어뜨렸다고 하자. 유럽에서 가장 우아한 남자든, 가장 우아하지 않은 남자든 그것을 주워서 건네주는 것에는 다를 것이 없다. 하지만 결과에는 엄청난 차이가 있다. 우아한 남자는 부채를 주워줌으로써 감사를 받지만, 침착하지 못한 남자는 그 우스꽝스러운 동작으로 인해 웃음거리가 된다.

옷차림, 헤어스타일, 청결에도 신경써라

이제 너도 옷차림에 신경을 써야 할 나이가 되었다. 나는 옷차림을 보면 그 사람의 됨됨이를 읽을 수 있단다. 이것은 나뿐 아니라 다른 사람들도 마찬가지다.

나의 경우, 옷차림에서 조금이라도 잘난 척하는 것이 느껴지면 그 사람의 사고방식도 일그러진 것이 아닌가 생각한다. 화려하게 차려입는 것을 좋아하고 요란한 옷차림을 한 사람을 보면, 빈곤한 내면을 숨기기 위해 일부러 그런 모습을 하는 것 같아서 기분이 나빠진다. 입는 것에 전혀 신경 쓰지 않고, 궁정 안의 사람인지 마부인지 하인인지 구별할 수 없는 모습을 한 사람도 도대체 어떤 사람인지 의심하지 않을 수 없더구나.

분별 있는 사람은 옷차림이 너무 튀지 않도록 신경 쓰는 법이다. 자기 혼자만 눈에 띄는 옷차림을 하지 않는다. 그 지역의 지식인이나 그 사회의 사람들과 같은 옷차림을 한다. 몸단장을 지나치게 하려 하면 너무 두드러지고, 반대로 초라하면 옷차림에 신경 쓰지 않은 것이 실례가 되기도 한다.

그러므로 주위 사람들이 훌륭하게 차려 입었을 때는 너도 화려하게, 그들이 간소하게 입었을 때는 너 역시 간소하게 입어야 한다. 단, 언제나 재단이 잘 된 옷, 몸에 잘 맞는 옷을 입도록 해라. 그렇지 않으면 부자연스러운 느낌을 준다.

아울러 그날의 의상을 결정하고 그것을 입은 다음에는 두 번 다시 옷차림에 대해서는 생각하지 마라. 아래위가 맞지 않는 것이 아닐까, 색깔이 어울리지 않는 것이 아닐까 하는 식으로 생각하면 몸이 굳어 자연스럽게 행동하지 못한다.

일단 옷을 몸에 걸치면 두 번 다시 옷에 대해 생각하지 말고, 아무 것도 걸치지 않은 듯이 자연스럽고 기분 좋게 행동해라.

헤어스타일에도 신경 쓰도록 해라. 헤어스타일은 옷차림의 일부다. 양말을 늘어뜨리지도 말아라. 단정하지 못한 발만큼 지저분한 인상을 주는 것은 없단다.

남에게 좋은 인상을 주고 싶다면 '청결'에 특히 주의를 기울이기 바란다. 너는 손이나 손톱을 항상 깨끗이 하느냐? 이는 매일 식사 후마다 반드시 닦느냐? 언제까지나 음식을 제대로 씹기 위해서라도, 이가 없는 고통을 경험하지 않기 위해서라도 주의를 게을리하지 마라. 게다가 이가 나빠지면 고약한 냄새를 풍기기 때문에 주위 사람들에게도 실례가 된다.

너는 제법 건강한 이를 갖고 있지만, 그에 비하면 내 이는 형편없단다. 젊었을 때부터 주의를 게을리 했기 때문이다. 그래서 더욱 너에게 이의 청결에 대해 강조하는 거란다. 매 식사가 끝날 때마다 부드러운 칫솔로 4, 5분 동안 이를 닦고 대여섯 번 입을 행구는 습관을 갖는 것이 좋다. 그곳에 유명한 치과 전문의가 있다고 하더구나. 하루라도 빨리 찾아가서 이상적인 치아로 교정해달라고 해라.

표정이 바뀌면 마음도 바뀐다

사람의 마음을 사로잡는 요인에는 여러 가지가 있다. 그중에서도 가장 효과적이고 시선을 사로잡는 것이 표정이다. 그런데 너는 이것을 전혀 모르고 있구나.

보통 사람은 조금이라도 자신의 용모에 흠이 있으면 그것을 숨기고 보충하려고 필사적으로 노력하는 법이다. 그다지 잘생겼다고 할 수 없는 용모를 타고난 사람들은 두말할 것도 없고 조금이라도 좋게 보이려고 고상한 행동을 하거나 부드럽게 미소 지으며 눈물겨울 정도로 노력하고 있다.

그런데 너는 하느님이 내려주신 모처럼의 용모를 고맙게 받아들이지 않을 뿐 아니라 그것을 모독하고 있구나. 너의 얼굴 생김새, 그 표정은 도대체 어찌된 것이냐? 너 자신은 사나이답고 사려 깊고 결단력에 넘치는 얼굴 표정을 짓고 있다고 생각할지 모르지만, 어림도 없는 착각이다. 기껏 칭찬해봐야 매일 호령만 치고 사납게 보이려는 교관과 같은 얼굴이다.

내가 아는 한 청년은 의원으로 갓 선출되었을 때, 자기 사무실의 거울 앞에서 표정이나 동작을 연습하다가 사람들에게 들켜 웃음거리가 된 일이 있었다. 하지만 나는 웃을 수가 없더구나. 오히려 그 청년은 그 자리에서 웃는 사람보다 훨씬 사물의 도리를 잘 알고 있다고 생각한다. 그는 알고 있었던 거다. 공공의 장소에 나갈 때 표정이나 동작이 얼마나 큰 효력을 발휘하는가를 말이다.

이렇게 말하면 너는 틀림없이 반문할 것이다.

"그렇다면 온화한 표정이 되도록 온종일 신경 써야 합니까?"

하루 종일 신경 쓰라는 말이 아니다. 적어도 2주일 동안만이라도 좋은 표정을 짓도록 노력해보기 바란다. 그렇게 하면 그 다음에는 얼굴에 신경 쓰지 않아도 된다. 너는 하늘로부터 귀하게 받은 얼굴이기 때문이다.

우선 눈가에는 항상 부드러운 표정을 띄우도록 해라. 그리고 전체적으로는 미소를 짓는 듯한 모습이 좋다. 그런 면에서 성직자의 표정을 보고 배우는 것이 좋다. 선의에 넘치고, 자애로 가득 차고 엄숙함 속에서도 열의가 담긴 표정 말이다. 이런 표정에는 사람의 마음을 끌어당기는 마력이 있다고 생각한다. 너는 어떻게 생각하느냐?

물론 표정만 좋아서는 안 된다. 대개의 사람들은 마음이 함께 하고 있다. 마음이 함께 한다고 믿기 때문에 그들의 표정이 사람들의 마음을 사로잡고 호감을 사는 것이다.

그래도 아직 표정을 만드는 것이 귀찮게 여겨지느냐? 일주일 동안에 30분이면 되지 않느냐? 그렇다면 묻겠다. 너는 왜 그토록 능숙해질 때까지 춤을 배웠느냐? 춤을 잘 추기까지 힘들고 귀찮은 과정이 있었을 것이다. 최소한 의무는 아니었을 테니 말이다.

너는 이렇게 대답하겠지.

"그것은 사람들의 마음을 사로잡기 위해서입니다."

옳은 말이다. 그렇다면 너는 왜 좋은 옷을 입고 머리를 손질했느냐? 그것도 귀찮은 일 아니냐? 머리카락은 자라는 대로 두는 것이 편하고, 양복도 얇은 누더기를 걸치는 것이 더 편할 것이다. 그런데 왜 그런 것에 신경을 쓰느냐?

너는 이렇게 대답할 것이다.

"그것은 다른 사람들에게 불쾌감을 주지 않기 위해서입니다."

그래, 바로 그 말이다. 그것을 알고 있다면, 그 나머지는 도리에 따라서 행동하면 된다. 춤이나 옷차림, 헤어스타일보다 훨씬 더 근본적으로 상대의 마음을 살 수 있는 표정을 연구하도록 해라.

표정이 나쁘면 춤이나 옷, 헤어스타일도 소용없다. 게다가 네가 춤을 추는 것은 1년에 기껏해야 일곱 번이나 여덟 번 정도지만, 네 표정은 하루도 빠짐없이 사람들의 눈에 노출되어 있다.

37. 사람의 마음을 사로잡는 예절을 익혀라

예의를 잘 지키는 것은 선행 다음으로 사람의 마음을 사로잡는 것이다. 나 자신도 '더없이 청렴하고 올곧은 사람'이라는 말을 듣고 싶다. 그 다음으로 듣고 싶은 말이, '예의 바른 사람'이다. 그 정도로 예의는 소중하단다.

내 가르침은 매우 현실적인 것임을 명심해라

아들아, 여기서 이야기한 것을 몸에 익히지 않는다면 아무리 풍부한 지식을 가지고 있어도, 아무리 교묘하게 행동해도 마음먹은 대로 일이 이루어지지 않을 것이다.

지금이야말로 이 장식을 몸에 익혀야 할 때다. 지금 그것을 할 수 없다면 평생 할 수 없을 것이다. 그러므로 다른 것은 모두 뒤로 미루고, 지금은 이것에만 집중하도록 해라. 튼튼한 뼈대와 매력적인 장식이 결합된다면 그것을 능가할 것은 없을 것이다.

내가 이런 편지를 써서 너에게 외양을 장식하라고 계속 가르친다는 것을 안다면, 완고한 사람이나 세상을 등진 현학적인 사람들은 도대체 어떻게 생각할까? 아마 경멸로 가득 찬 표정으로, "아버지가 아들에게 주는 권고라면 그 밖에 훨씬 좋은 것들이 얼마든지 있다."고 말할 것이 틀림없다.

아마도 그들의 사전에는 '호감을 갖는다'거나 '사람들이 좋아하는' 등의 단어는 존재하지 않으리라. 하지만 현실적으로 이 말이 존재한다는 것은 그만큼 사람들이 '호감을 가질 수 있는' 것을 화제로 삼고, 그것에 관심을 가지며 그렇게 되기를 바라기 때문이다. 쉽게 웃어넘길 수 있는 일이 아니다.

언제나 네 편인 아버지가 늘 네 곁에 있다

내가 평소부터 생각하고 있던 것을 말하겠다. 젊은이들 중에 이처럼 무례하고 보기 흉한 사람이 많은 것은 그 부모가 예의범절을 가볍게 보거나 그런 것에는 전혀 관심이 없기 때문이다.

그들은 기초 교육, 대학, 유학 등 대강 다른 부모의 자녀 교육법만 따라한다. 하지만 자녀에 대해서 무관심하거나 부주의하고 멍청해서 각각의 교육 과정 중에 자기의 자녀가 어떻게 성장하는지 관찰하지도 않는다. 설사 관찰한다고 해도 자녀가 잘 자라고 있는지 판단하지도 않은 채 시간만 보낸다. 그리고 자신을 안심시키기 위해 이렇게 중얼거린다.

"문제없어. 틀림없이 다른 집 아이들처럼 잘하고 있을 거야."

그런데 자녀가 다른 아이들과 비슷하게 생활하는 것은 사실이지만,

잘하고 있는 것은 아니다. 그들은 학창 시절에 몸에 익힌, 어린아이들이 하는 저속한 장난을 사회에 나와서도 그만두지 않는다. 학교에서 몸에 익힌 편협한 태도를 버리지 못하는 것이고, 유학중에 몸에 익힌 거만한 태도를 여전히 고치지 못하는 것이다.

그런 것은 부모가 주의를 주지 않으면 달리 주의를 줄 수 있는 사람은 아무도 없다. 그렇기 때문에 젊은이들은 자신이 보아도 끔찍할 정도로 나쁜 태도를 몸에 익히고 있는데도 그 사실을 전혀 알지 못한 채 무례한 행동을 계속한다.

앞에서 몇 번이나 말했지만, 자녀의 예의범절이나 태도를 지적하고 타이를 수 있는 것은 아버지뿐이다. 그것은 자식이 어른이 되고나서도 마찬가지다. 아무리 친한 친구라 하더라도 아버지가 경험해서 얻은 산지식들을 그들이 가지고 있는 것은 아니며 설령 가지고 있다 해도 네게 주의를 줄 수는 없다.

언제나 우호적이며 충실하고 눈이 밝은 감시자가 늘 네 곁에 있다는 것이 얼마나 행복한 일이냐? 네 결점을 재빨리 발견해서 고쳐주고, 장점에 박수를 보내는 사람이 있다는 것에 감사해라. 물론 그것이 아버지로서 내가 해야 할 의무라고 믿는다.

학문으로 할 수 없는 교육이야말로 중요하다

인간이란 본래 완벽한 존재가 아니다. 네가 태어난 이후 나의 소망은 가능하다면 너를 완벽한 인간으로 만드는 것이란다. 나는 그것을 이루기 위해 열심히 노력해 왔다. 그 노력이나 비용을 아낀 적이 없다. 인간은 천성적으로 고유의 자질을 가지고 태어나지만 교육을 통해 얼마든지 그 자질 이상으로 사람을 바꿀 수 있다는 것을 알기 때문이다. 그것은 너도 경험해서 잘 알 것이다.

내가 너에게 한 일이라면, 아직 판단력이 없는 어린 너에게 선을 사랑하는 마음과 남을 공경하는 마음을 심어 주는 것이었다. 너는 그것을 문법이라도 외우는 것처럼 기계적으로 몸에 익혔다. 그리고 지금은 네 자신의 판단으로 이를 행하고 있다. 물론 선을 행하는 일이나 사람을 공경하는 일은 당연한 것으로, 보통 사람들이 특별히 배우지 않더라도 행할 수 있는 일이지만 말이다.

이에 대하여 샤프츠베리(1621~1683, 영국의 정치가. 찰스 2세 다잇 대법관으로 활동했으며, 청교도혁명 시대에는 왕정 복고에 진력하여 반 가톨릭, 휘그 당의 지도자가 되었다) 백작은 적절한 말을 했다.

"나는 남들이 보기 때문에 선을 행하는 것이 아니다. 나 자신을 위해 선을 행하는 것이다. 그것은 남들이 보기 때문에 청결히 하는 것이 아니라 나를 위해 청결히 하는 것과 마찬가지다."

그렇기 때문에 나는 너에게 판단력이 생기고 난 다음에는 선을 사랑하라는 말은 한마디도 하지 않았다. 그것은 당연한 일이기 때문이다.

내가 다음에 뜻을 둔 것은, 너에게 실질적이고 편견이 없는 교육을 시키는 것이었다. 이것도 처음에는 나, 다음에는 하트 씨, 그리고 최근에는 네 노력에 의해서 예상 밖의 성과를 거두었다. 나의 기대에 충분히 부응했다고 말해도 좋다.

　그리고 지금 마지막으로 남아 있는 것이 사람과 사귀는 법, 예의범절을 가르치는 일이다. 이것을 모르면 모처럼 몸에 익힌 것이 불안전해지고, 광채를 잃으며 무용지물이 될 것이다.

　그런데 유감스럽게도 너는 이 점이 부족한 것 같아서, 이번에는 그 한 가지에 집중해서 쓰기로 하겠다.

예의는 '선행' 다음으로 사람의 마음을 사로잡는다

　너도 아는 분이지만, 내가 잘 아는 어떤 분은 예의를, "서로가 자기를 조금씩 낮추고 상대방에게 맞추려는 분별과 양식 있는 행위"라고 설명했다. 이 말에 이의를 제기하는 사람은 없을 것이다. 다만 분별과 양식이 있다고 해서 누구나 예의 바른 사람이 되는 것은 아니라는 사실이 오히려 놀랍다.

　분명히 사람, 지역, 환경 등에 따라서 예의가 다르게 나타나며, 그것은 실제로 자기의 눈으로 보고 귀로 듣지 않으면 알 수 없는 것이기도 하다. 하지만 예의를 존중하는 마음 자체는 어떤 시대나 어떤 환경에서도 변하지 않을 것이다. 따라서 의지가 있느냐 없느냐가 예의 바른 사람이 될 수 있느냐 없느냐를 결정짓는 열쇠인 것이다. 예의가 특정한 사회에 미치는 영향은 도덕이 사회 전반에 미치는 영향과 같다. 그것은 사회를 하나로 묶고, 안전성을 높이는 것이기도 하다.

　그뿐만이 아니다. 일반 사회에는 도덕적 행위를 권장하고 부도덕한 행위를 경고하는 묵시적인 규율이 존재한다. 이렇게 말하면, 법률과 묵시적인 규율을 동일시한다고 놀랄 것이다. 하지만 나에게 이 둘은 공통적인 것처럼 생각된다. 가령 다른 사람의 소유지에 침입한 사람은 법에 의해서 처벌을 받을 것이다. 그와 마찬가지로, 다른 사람의 평화로운 사생활에 침입한 사람도 사회 전체의 묵시적인 합의에 의해서 추방당할 것이다.

상냥하게 행동하고, 주의를 기울이고, 희생을 무릅쓰는 것은 모든 사람들이 함께 살기 위한 묵시적인 협정이다. 그것은 왕이 신하를 보호하고, 신하가 왕의 명령에 따르는 것과 다를 것이 없다. 어느 쪽이든 그 협정을 어긴 사람이 협정에 의해 생기는 이익을 박탈당하는 것은 당연한 이치다.

내 생각을 말한다면, 예의를 잘 지키는 것은 선행 다음으로 사람의 마음을 사로잡는 것이다. 나 자신도 '더없이 청렴하고 올곧은 사람'이라는 말을 듣고 싶다. 그 다음으로 듣고 싶은 말이, '예의 바른 사람'이다. 그 정도로 예의는 소중하단다.

38. 원석(原石)인 채로 일생을 마치지 마라

다이아몬드가 아름다운 것은 원석의 경도와 밀도가 높기 때문이다. 하지만 갈고 닦는 마무리 과정을 거치지 않으면 그것은 언제까지나 원석인 채로 머물 것이다. 기껏해야 호기심 많은 수집가의 진열장에 들어가는 것이 고작일 것이다.

윗사람에게는 자연스럽고 우아하게 대해라

내 사랑하는 아들아, 예의 전체에 대해서 이야기하는 것은 이쯤에서 그치고, 다음에는 상황에 따른 예의범절 쪽으로 이야기를 옮기겠다.

분명하게 윗사람임을 알 수 있는 사람, 지위가 높은 사람에 대해서 예의를 갖추지 않는 사람은 거의 없다. 문제는 그것을 어떻게 표현하는가에 달려 있다. 분별 있고 인생 경험이 있는 사람은 자연스럽게 최대한의 예의를 차릴 수 있다. 하지만 훌륭한 사람들과 교제한 경험이 없는 사람들은 어딘지 모르게 어색하고, 옆에서 보아도 애처로울 정도로 안절부절못한다는 것을 금방 알 수 있다.

그렇다고 해서 존경하는 사람 앞에서 넋을 놓고 앉아 있거나 휘파람을 불거나 머리를 긁는 등의 무례한 행위를 하는 사람을 아직까지 본 적은 없을 것이다. 따라서 윗사람 앞에서 주의해야 할 것은 머뭇거리지 말고 자연스럽고 우아하게 예의를 갖추는 것이다. 이것은 좋은 본보기를 잘 관찰하고 실제로 흉내 내어 몸에 익히는 수밖에 도리가 없다.

윗사람이 없는 모임에서도 예의와 배려를 갖춰라

윗사람이 없는 모임에서는 초대받은 사람들 모두가 같은 입장이라고 생각해도 좋다. 이 경우, 공경하는 마음이나 경의를 표해야 할 사람은 없으므로 행동도 자유롭고 당연히 긴장해야 할 일도 적어진다. 어떤 교제에도 반드시 지켜야 할 기준이 있는데, 이 경우도 그것만 지키면 무엇을 해도 좋다.

그렇지만 잊지 말아야 할 것은 특별히 주의를 기울여야 할 사람이 없는 대신에 누구나 일반적인 예의나 배려를 기대한다는 점이다. 그렇기 때문에 주의가 산만하거나 무관심하게 행동하는 것은 허용되지 않는다. 누군가가 다가와서 지루한 이야기를 하더라도 너는 공손하게 대답하도록 해라. 무심코 이야기의 내용을 흘려들었다가 상대방을 무시한다는 것이 드러나면, 아무리 대등한 입장이라도 그것은 엄청난 실례가 된다.

이것은 상대방이 여성인 경우에 특히 더 그렇다. 어떤 지위에 있는 여성이라도 단지 그녀를 주목하는 것만으로는 충분하지 않고, 아부에 가까운 마음의 배려가 필요하다. 그녀의 소원, 취향, 취미, 변덕뿐 아니라 건방진 태도에까지 신경을 쓰고 치켜세우며 될 수 있으면 그 건방진 태도를 먼저 알아채고 말을 걸 수 있어야 한다. 예의 바른 사람은 누구나 그렇게 하고 있단다.

여러 사람이 모인 자리에서 예의를 갖추려면 어떻게 해야 하는지, 일일이 이에 대해 열거하는 것도 끝이 없을 것이다. 그것은 너에게도 실례라고 생각하기 때문에 이쯤에서 그만두겠다. 그 나머지는 네 스스로 판단하고, 실천에 옮기기 바란다.

지위가 낮은 사람에게도 예의 바르게 해라

너는 태어나면서부터 네 방을 청소하거나 구두를 닦아주는 고용인보다 뛰어나다고 생각하느냐? 하늘이 너에게 내려준 행운에 감사하는 것은 좋다. 하지만 불우한 운명을 안고 태어난 사람들을 무시하거나 불필요한 말을 해서 그들의 불우한 운명을 일깨워주는 따위의 짓은 하지 마라.

그런데 젊은이들은 거기까지 생각하지 못한다. 명령적인 태도나 권위를 앞세운 단정적인 말투가 용기 있는 사람, 기개가 있는 사람의 증거라고 오해하기 쉽다. 그것은 주의가 부족한 탓도 있겠지만, 일반적으로는 거기에까지 생각이 미치지 못했기 때문이다.

그래서 그들의 말과 행동은 거만하게 받아들여지거나 신분이 낮다고 해서 상대를 업신여기고 있다고 받아들여지기 쉽다. 그렇게 되면 상대방은 그에게 적의를 품는다. 물론 잘못을 저지른 것은 젊은이들이다. 상대방이 화를 내는 것도 무리는 아니다.

사실 나도 네 나이 때는 그랬다. 매력적인 일부 사람들의 마음을 사로잡는 데에만 정신이 팔려, 그 나머지 사람들에게는 일반적인 예의조차도 필요 없다고 생각했다. 그래서 각료나 지식인이나 빼어난 미인 등 화려하고 눈에 띄는 인물에게만 예의를 갖추었단다. 경솔하고 어리석게도 다른 사람들에게는 예의를 갖추지 않아서 그들을 불쾌하게 했다.

그 결과, 나는 많은 적을 만들고 말았지. 더구나 내가 그들을 하찮게 여긴 것이 물의를 일으켜서 내 사회적 인격에 치명적인 상처를 남겼다. 나는 주위 사람들로부터 오만하고 이기적인 사람이라는 낙인이 찍히고 말았단다.

이런 격언이 있다.

"신하의 마음을 사로잡는 임금이야말로 권위를 잃지 않는다."

신하에게 충성을 받는다는 것은 그 어떤 무기보다도 강하다. 신하에게서 충성을 원한다면 두려움의 대상이 되기보다는 사랑의 대상이 되는 것이 지름길이다.

이 말은 지위가 낮은 우리들에게도 해당된다. 사람의 마음을 사로잡는 방법을 알고 있다는 것은 무엇보다도 강한 힘을 가지고 있는 것이나 마찬가지다.

아무리 친한 사이라도 예의는 필요하다

이제 이야기하고 싶은 것은 그런 일로 실패할 리가 없다는 그릇된 믿음에서 생각지도 못한 실패를 한 경우에 대해서다. 매우 친한 친구나 친지에 대한 행동일 경우 특히 그렇다.

친근한 사이에서는 편안한 기분이 되어도 좋다. 또 그렇게 되는 것이 당연하다. 그런 관계가 사생활에 편안함을 주는 것도 사실이다. 그렇다고 해서 보통 때 같으면 결코 발을 들여놓지 말아야 할 영역에까지 침범해도 되는 것은 아니다. 말하고 싶은 대로 멋대로 떠들어대면 친근한 동료와의 즐거운 대화도 곧 시들해진다.

이렇게 막연한 이야기로는 알아듣기 힘들 것 같아서 예를 들어보겠다. 나와 네가 방 안에 있다고 하자. 나는 내가 무슨 일을 해도 좋다고 생각하고, 너도 좋을 대로 행동하리라고 믿는다. 그때 내가 우리 두 사람 사이에는 어떤 예의나 거리낌도 없다고 생각하느냐? 절대로 그렇지 않다.

아무리 네가 내 상대라고 해도 어느 정도의 에티켓은 지켜야 한다. 정도의 차이는 있지만, 그것은 다른 사람에 대해서도 마찬가지다. 만일 내가 이야기하는 동안 내가 다른 생각을 하거나 네 눈앞에서 하품을 하거나 코를 골면 나는 부끄러워할 것이다. '내가 어쩌면 이렇게 야만스러운 행동을 했을까?' 하고 생각하면서 말이다. 그리고 너와의 사이가 멀어지는 것을 각오할 것이다.

아무리 친한 사이라도 최소한의 예의는 필요하다. 서로가 더없이 가깝다고 해서 서로에게 예의도 없이 행동한다면 어떻게 되겠느냐? 아무리 깊은 사이라도 얼마 뒤에는 서로 싫증을 내며 경멸할 것이다.

사람은 누구나 나쁜 면을 가지고 있다. 그것을 노출하는 것은 무례일 뿐 아니라 무분별한 행동이다.

예의에 대해서는 이 정도로 해두겠다. 다만 하루의 절반은 예의를 몸에 익히기 위해 노력하기 바란다.

다이아몬드도 원석인 동안에는 아무런 도움도 되지 않는다. 가치가 있을지는 모르지만, 갈고 닦은 다음에야 비로소 사람들의 몸에 장식된다. 물론 다이아몬드가 아름다운 것은 원석의 경도와 밀도가 높기 때문이다. 하지만 갈고 닦는 마무리 과정을 거치지 않으면 그것은 언제까지나 원석인 채로 머물 것이다. 기껏해야 호기심 많은 수집가의 진열장에 들어가는 것이 고작일 것이다.

너는 속이 꽉 차 있고 견고하다. 그 나머지는 지금까지와 마찬가지로 노력해서 갈고 닦으면 된다. 네가 사용법만 안다면 주위의 훌륭한 사람들이 너를 훌륭한 모양으로 조각하여 참다운 광채를 발하도록 갈고 닦아줄 것이다. 더없이 소중한 내 아들아!

CHAPTER 09
모든 일에 우아하게 대처해라

인간은 억세지 않으면 세상을 살아갈 수가 없다.

"자기 자신에게 결여되어 있던 것이 아들에게 실현되는 것을 보려고 하는 것은
모든 아버지의 경건한 소망이다." -괴테

39. 부드러움으로 사로잡아라

말과 행동의 유연함과 굳건한 의지를 겸비하는 것이야말로 사랑을 받으며, 미움을 받지 않고 존경심이 우러나게 하는 유일한 방법이다.

부드러우면서도 굳건한 의지를 가져라

아들아, 언젠가 너에게 이런 말을 들려주면서 항상 염두에 두고 행동하라고 말한 적이 있었다. 기억하느냐? 그 말이란 바로 '말과 행동은 부드럽게, 의지는 굳건하게' 라는 것이다. 이것처럼 어디에나 활용할 수 있는 말은 없다고 해도 좋을 것이다.

오늘은 나이 지긋한 설교사가 된 심정으로 이 말에 대해서 설명하마. 우선 이 말을 구성하는 두 가지 지침, 즉 '말과 행동은 부드럽게' 와 '의지는 굳건하게' 에 대해서 설명하고, 이 둘이 하나가 되었을 때 어떤 효과를 발휘하는지 살펴보겠다.

사람을 대하는 말과 행동이 부드럽기만 할 뿐, 의지가 굳세지 못하면 어떻게 되겠느냐? 비굴하고 마음 약한 소극적인 사람으로 타락하고 만다. 반대로 의지는 강하지만 말과 행동이 거친 사람은 어떨까? 그런 사람은 우악스럽기만 한 사람이 될 것이다.

사실은 양쪽 모두 갖추고 있는 것이 더없이 바람직하겠지만, 그런 사람은 좀처럼 찾아보기 어렵다.

의지가 강한 사람이 있다고 해도 혈기 왕성한 사람이 많아 말과 행동이 부드러운 것은 연약하다고 비난하면서 무슨 일이든 힘으로 밀어붙이려고 한다. 이런 사람은 상대가 내성적이고 마음이 약한 경우, 자기가 마음먹은 대로 일을 추진할 수 있지만 그렇지 않은 경우에는 상대에게서 분노나 반감을 사고 만다. 결국 자신이 뜻한 목적을 이루지 못하는 것이다.

또 말과 행동이 부드러운 사람들 중에는 교활한 사람이 많다. 그런 사람은 모든 것을 부드러운 말과 행동만으로 손에 넣으려고 한다. 이른바 팔방미인의 경우가 그렇다. 마치 자신의 의지 따위는 없는 듯이 그때 그 자리에서 얼마든지 상대방에게 맞춰 나간다. 이런 사람은 어리석은 사람은 속일 수 있어도, 그 밖의 사람들의 눈은 속일 수 없어서 금세 가면이 벗겨진다.

부드러운 말과 행동에 굳건한 의지까지 겸비할 수 있는 사람은 힘을 내세우는 자도, 팔방미인도 아니다. 자혜로운 사람만이 이 두 가지를 모두 갖춘다.

말과 행동의 유연함과 굳은 의지를 겸비해라

그렇다면 이 두 가지를 함께 가지고 있다면 무엇이 이로울까?

남에게 명령을 내리는 입장에 있는 경우, 공손한 태도로 명령을 내리면 상대가 기꺼이 이를 받아들여 기분 좋게 실천에 옮길 것이다. 그런데 강압적으로 명령을 내리면, 상대는 그 명령대로 수행하거나 도중에 내팽개친다.

내가 부하에게 "술 가져와!" 하고 난폭하게 명령했다고 하자. 그런 명령을 내리면서, 나는 그 남자가 내 머리 위에 술을 쏟으려고 결심하는 것을 각오해야 할 것이다. 내가 그런 일을 당해도 마땅한 행동을 했기 때문이다.

물론 명령을 내릴 때는 상대가 이를 따라야 한다는 식의 냉정하고 굳건한 의지를 나타낼 필요도 있다. 하지만 부드러움으로 감싸고 쓸데없는 열등감을 갖지 않도록 하며, 명령에 기분 좋게 따르도록 배려하는 것도 필요하다.

그것은 네가 윗사람에게 무엇인가를 부탁할 때나 당연한 권리를 요구할 때도 마찬가지다. 공손한 태도로 하지 않으면 처음부터 너의 부탁을 거역하고 싶은 사람에게 안성맞춤의 구실을 주게 된다. 따라서 온건한 것만으로는 일을 성취하지 못한다. 결코 뒤로 물러나지 않겠다는 끈기와 품위를 잃지 않는 집요함을 가지고, 네 의지가 얼마나 강한가 그들에게 보여주는 것이 중요하다.

높은 지위에 있는 사람이 도리에 맞는 행동을 하는 일은 좀처럼 없다고 해도 과언이 아니다. 가령 평소 같으면 정의를 위해서, 국가의 이익을 위해서라면 거부할 일도, 상대가 집요하게 나오거나 상대에게 원한을 살까 두려워서 종종 수락하는 일이 있다.

말과 행동을 부드럽게 해서 그들의 마음을 사로잡기 바란다. 그렇게 하면 최소한 거절할 구실은 주지 않아도 된다. 동시에 의지가 굳건하다는 것을 보여주면, 평소에는 들어주지 않을 일도 귀찮아서, 또는 원한을 사는 것이 두려워서 들어주기도 한다.

신분이 높은 사람은 사람들의 온갖 청탁이나 불평에 익숙해져 있다. 외과 의사가 환자의 물리적인 고통에 대해서 불감증에 걸려 있는 것과 마찬가지로, 하루 종일 똑같은 호소를 듣다 보니 어느 것이 진짜이고 어느 것이 가짜인지 구별조차 할 수 없다. 그러므로 그런 문제인 경우 적당하게 호소해서는 좀처럼 들어주지 않는다. 따라서 다른 감정에 호소할 수밖에 없다는 이야기다.

부드러운 태도로 호의를 얻어내거나 끈질기게 호소해서 "이제 그만 알았다."는 말이 나올 때까지 굴복시켜라. 혹은 품위를 떨어뜨리지 않으면서, 들어주지 않으면 평생을 두고 원망하겠다는 듯이 쌀쌀맞은 태도로 위장하여 이들로 하여금 두려움을 갖게 해라. 진정한 의지의 굳건함이란 바로 이런 것이다. 결코 우격다짐으로 밀어붙이는 것이 아닌 것이다.

말과 행동의 유연함과 굳건한 의지를 겸비하는 것이야말로 사랑을 받으며, 미움을 받지 않고 존경심이 우러나게 하는 유일한 방법이다.

그리고 이 세상의 지혜로운 사람들이 모두 몸에 익히고 싶어하는 위엄을 몸에 배게 하는 방법이기도 하다.

굳은 의지가 존경심을 불러일으킨다

여기서는 실천으로 옮기는 방법에 대해 이야기하자.

감정이 흥분되어 사려 깊지 못한 말이나 무례한 말이 튀어나오려고 하면, 자신을 억누르고 말과 행동을 부드럽게 해라. 이것은 상대방이 윗사람인 경우나 자기와 대등한 사람인 경우, 또는 신분이 낮은 사람인 경우에도 변함이 없다. 감정이 폭발하려고 하면 마음이 가라앉을 때까지 입을 다물고 표정의 변화를 남이 알아채지 못하도록 신경을 집중시켜라. 그렇다고 해서 한 발도 양보할 수 없는 곳에서까지 상냥하게 나오거나 부드럽게 하거나 비위를 맞추는 등 나약하게 상대방에게 아부하는 행동은 하지 마라.

그럴 때는 집요하게 공격을 되풀이하는 것이 좋다. 그렇게 하면 손에 들어올 것은 반드시 들어온다. 온순하고 내성적이어서 항상 길을 양보하는 사람은 부정한 인간, 즉 인간의 아픔을 이해하지 못하는 사람에게 짓밟히고 무시당할 뿐이다. 하지만 거기에 굳은 의지가 있으면 사람들로부터 존경을 받고 일도 마음먹은 대로 해결할 수 있다.

그것은 친구나 친지에 대해서도 마찬가지다. 흔들리지 않는 의지의 힘은 그들의 마음을 사로잡을 것이다. 그리고 부드러운 말과 행동은 그들의 적을 너의 적으로 만드는 것을 막아줄 것이다. 네 적에 대해서는 부드러운 태도로 마음을 열게 해라.

동시에 상대방에게 네 굳은 의지를 보이고, 너 자신에게는 분개할 만한 정당한 이유가 있다는 것을 보여주는 것도 중요하다. 너는 상대방과는 달리 악의를 품는, 도량이 좁은 행동은 하지 않는다. 즉 네가 하는 것은 사리 분별이 있는 정당방위라고 똑똑히 말해야 한다.

사업 건으로 협상에 임할 때도, 잊지 말고 네 굳건한 의지를 느끼게 해라. 반드시 타협해야만 할 시기가 올 때까지 한 발자국도 물러나서도 안 되고, 절충안을 받아들이지도 마라. 반드시 타협해야 할 경우라 하더라도 저항하면서 한 걸음씩 물러나라.

그렇게 하면서 온건한 태도로 상대방의 마음을 파악하는 것도 잊지 마라. 상대방의 마음을 파악할 수 있다면 이해를 얻어 마음을 움직이게 할 수 있다.

떳떳하고 솔직하게 이렇게 말하는 것도 좋다.

"여러 가지 문제는 있습니다만, 귀하를 존경하는 마음에는 변함이 없습니다. 오히려 그 반대로 이번 건에서는 귀하의 노력을 보고 그 열의에 감탄하고 있습니다. 이처럼 열심히 일하시는 분과 개인적으로 가까워지면 얼마나 좋을까 하고 생각하고 있습니다."

이처럼 말과 행동은 부드럽게, 의지 또한 굳건히 하면 대개의 협상은 무난히 해결된다. 최소한 제멋대로 다루려는 상대방에게 끌려가지 않게 된다.

표정은 밝게, 말은 온후하게 해라

내가 아무리 말과 행동을 부드럽게 하라고 말해도, 그것이 단순히 온순하기만 한 부드러움이 아니라는 것쯤은 너도 알 것이다. 사실 그렇지 않느냐. 항상 네 의견을 똑똑히 말해야 하고, 다른 사람의 의견이 틀렸다고 생각되었을 때에도 역시 분명히 말해야 한다.

내가 문제로 삼는 것은 그 표현 방법이다. 그것을 말할 때의 태도, 분위기, 말의 선택, 목소리의 강약을 부드럽고 상냥하게 하라는 것이다. 거기에는 그 어떤 강제성이나 무리가 개입되지 않도록 해라. 자연스러워야 한다.

남과 다른 의견을 말할 때라도 표정은 밝게, 말은 온후하게 하도록 해라. "내가 어떻게 생각하는지 묻는다면 이렇게 대답할 것입니다. 하긴 그렇게 확신에 찬 것은 아니지만." 하거나 "자세히는 모르지만 아마 이런 것이 아닐까요?" 하는 투로 말해라. 연약한 표현이라고 해서 설득력이 없는 것은 아니다. 오히려 상대방의 마음을 사로잡을 수 있을 것이다.

토론은 기분 좋게 끝나야 한다. 너 자신도 상처를 입지 않고, 상대방의 인격을 손상할 생각도 없다는 것을 분명히 해야 한다. 의견의 대립은 일시적으로라도 서로를 멀어지게 할 뿐이다.

"태도 같은 것을 신경 쓸 필요가 있을까요?"

이렇게 물을지 모르지만, 태도도 내용과 마찬가지로 중요할 때가 있는 법이다. 호의로 한 일이 적을 만들고, 심술궂게 한 것이 친구를 만드는 등 태도에 따라 이렇게도, 저렇게도 받아들여질 수 있다.

　말과 행동이 온후하면서도, 거기에 굳은 의지가 더해진다면 상대방의 마음을 사로잡을 수 있을 뿐 아니라 위엄까지 우러날 것이다.

40. 상대에게 속마음을 읽히지 마라

싫은 이야기를 들으면 노골적으로 화를 내거나 표정을 바꾸는 사람, 좋은 이야기를 들으면 펄쩍 뛰면서 기뻐하거나 이내 표정이 풀어지는 사람들은 교활한 사람과 능청맞은 사람의 희생물이 되기 쉽다.

감정을 노골적으로 드러내면 희생물이 되기 쉽다

아들아, 세상에는 다소 전략적일지도 모르지만, 세상을 살아가는 지혜가 있단다. 그것을 알고 재빨리 실천하는 사람이 많은 사람들의 마음을 사로잡아서 가장 먼저 출세하는 경우가 있다. 흔히 젊은이들은 이런 것을 혐오하기 쉬운데, 내가 지금부터 이야기하려는 것도 훗날 네가 '알아두었으면 좋았을걸.' 하고 후회할 일 중 하나라고 생각한다.

살아가는 데 필요한 지혜 중 가장 근본은 감정을 겉으로 드러내지 않는 것, 말이나 동작이나 표정에서 마음이 동요한다는 것을 알아차리지 못하도록 하는 것이다.

만약 상대방이 이를 알아차리면 자기 조종에 능숙하고 냉정한 그의 뜻대로 되고 만다. 이것은 직장생활에만 국한된 일이 아니다. 실생활에서도 눈치 채지 못하게 조종당할 가능성은 얼마든지 있다.

싫은 이야기를 들으면 노골적으로 화를 내거나 표정을 바꾸는 사람, 좋은 이야기를 들으면 펄쩍 뛰면서 기뻐하거나 이내 표정이 풀어지는 사람들은 교활한 사람과 능청맞은 사람의 희생물이 되기 쉽다. 교활한 사람은 고의적으로 이쪽을 화나게 하는 말을 하거나 기뻐할 말을 해서 반응을 살핀다. 이를 통해 평소라면 절대로 누설하지 않을 비밀을 캐내려고 한다.

감정을 억누를 수 없으면 입을 열지 마라

"냉정한가, 아닌가는 성격에 따른 것이 아닐까요? 의지의 힘으로는 어쩔 수 없는 것 아닐까요?"

너는 이렇게 물을 것이다. 분명히 냉정한가, 아닌가는 성격에 의존하는 바가 크다. 하지만 우리는 무슨 일이든 성격 탓으로 돌리고, 핑계를 대려는 경향이 있지 않느냐? 이런 생각을 갖고 노력만 한다면 조금은 개선할 수 있는 부분이 있을 것이라고 생각한다.

보통 사람은 이성보다 성격을 앞세우는 습관에 젖어 있다. 하지만 노력만 하면 그 반대의 것, 이성으로 성격을 억제하는 습관도 몸에 익힐 수 있을 것이다.

감정을 억누를 수 없다면, 잠시 동안이라도 입을 열지 않는 편이 낫다. 얼굴을 붉히지도 마라. 평소에도 이 조언을 잊지 않는다면 그렇게 할 수 있다. 재치 있는 이야기, 기발한 이야기, 농담 같은 것을 하고 싶지만 이것은 칭찬은 받아도 호의적으로 받아들여지는 일이 없다. 오히려 적을 만들 따름이다.

반대로 네가 비꼬는 듯한 말을 들었을 때 가장 좋은 방법은 알아듣지 못한 척하는 것이다. 너무 직접적이어서 그렇게 할 수 없을 때는 상대방의 웃음에 동참하고 그 말을 인정하면서 그 자리를 지나쳐야 한다. 절대로 흥분하지 마라.

속마음을 읽히면 제압할 수 없다

어떤 일로 협상할 때, 혈기가 왕성한 인물과 마주 앉을 때만큼 좋은 결과를 얻는 경우는 드물다. 만약 상대가 흥분을 잘해 사소한 일에도 마음이 흐트러져서 엉뚱한 말을 중얼거리거나 표정에 속마음이 그대로 드러난다면, 그런 사람의 표정을 관찰하는 것이 좋다. 틀림없이 속셈을 알아낼 수 있을 것이다.

비즈니스에서 성공의 열쇠는 상대방의 속마음을 읽느냐, 읽지 못하느냐에 달려 있다. 자기의 감정이나 표정을 숨길 수 없는 사람은 그렇게 할 수 있는 사람에게 항상 당하게 마련이다. 다른 모든 조건이 대등할 때도, 상대가 협상에 능숙한 경우라면 더 이상 말할 필요가 없다.

"그러면 시치미를 뚝 떼라는 말인가요?"

너는 이렇게 반문할 것이다. 하지만 그렇게 하는 것은 잘못이 아니다. "속마음을 남에게 읽히면 남을 제압할 수 없다."는 격언을 명심해라. 나는 좀 더 극단적으로 이렇게 말하고 싶다.

"속마음을 남에게 읽히면 아무것도 성취할 수 없다."

속마음을 들키지 않으려고 시치미를 떼는 것과 상대를 속이기 위해 시치미를 떼는 것은 전혀 다르다. 이것에 대해 베이컨(1561~1626, 영국의 정치가, 철학자, 하원의원, 검찰총장, 대법관 등을 역임) 경은 이렇게 말하고 있다.

"상대방을 기만하는 것은 참다운 지적 인간이 할 짓이 아니다. 속마음을 들키지 않기 위해 감정을 숨기는 것은 트럼프의 카드를 보이지 않게 하는 것과 마찬가지지만 상대방을 기만하기 위해 하는 것은 상대방의 카드를 훔쳐보는 것과 같다."

정치가인 볼링브로크(1678~1751, 영국의 정치가, 문필가) 경도 그의 저서에서 다음과 같이 말하고 있다.

"남을 속이기 위해 감정을 숨기는 것은 단점을 휘두르는 것과 같은 것으로, 바람직하지 못한 행위일 뿐 아니라 불법 행위이기도 하다. 일단 단검을 사용하면 어떤 정당화도, 변명도 통하지 않는다."

속마음을 남에게 읽히지 않기 위해 감정을 숨기는 것은 방패를 들고 있는 것과 같나. 비밀을 유지하기 위해 갑옷을 입는 것과 마찬가지란 얘기다. 사업에 있어서는 어느 정도 자신의 감정을 숨기지 않으면 사업에 성공할 수 없다.

그런 의미에서 그것은 귀금속에 금을 섞어서 동전을 주조하는 기술과 비슷하다. 금을 조금 섞는 것은 필요하지만, 지나치게 많이 섞으면 동전은 통화로서의 가치를 상실하고, 주조하는 삶의 신용도 땅에 떨어지고 만다.

마음속에서 아무리 감정의 폭풍이 불어도 그것을 얼굴이나 말에 드러나지 않도록, 즉 감정을 숨길 수 있도록 노력하기 바란다. 이것은 대단히 어려운 일이지만, 할 수 없는 일은 아니다. 지성을 갖춘 사람은 불가능한 일에는 도전하지 않지만, 아무리 곤란한 일이라도 추구할 가치가 있는 것이라면 두 배의 노력을 기울여서라도 반드시 해내는 법이다. 너도 노력하기 바란다.

41. 때로는 아는 것도 모르는 척해라

개인적인 중상이나 좋지 못한 소문을 귀가 따가울 정도로 듣더라도 마음을 터놓는 친구 이외에는 듣지 못한 척하는 것이 좋다.

아는 것도 모르는 척해라

아들아, 이미 알고 있는 사실을 모르는 체한다는 것은 어떤 경우에는 도움이 되는 지혜가 아닐까 싶구나. 누군가가 무엇인가를 이야기하려고 할 때, 모르는 체하렴.

한 사람이 이렇게 묻는다.

"이런 이야기를 알고 계십니까?"

그러면 너는 대답한다.

"모르는데요."

설령 알고 있더라도 그가 그렇게 이야기를 계속하게 내버려둬라. 이야기를 하는 데 기쁨을 느끼는 사람도 있을 것이다. 지적인 발견을 이야기하고, 그것에 의해서 자존심을 만족시키고 싶어하는 사람도 있을 것이다. 이런 중요한 이야기를 말해줄 정도로 자기는 신뢰받고 있다는 것을 자랑하고 싶어서 떠드는 사람도 있을 것이다.

네가 "이런 이야기를 알고 계십니까?" 하는 말을 들었을 때, "네."라고 대답하면 그 사람은 분명 실망할 것이다. 그리고 결국 너는 눈치 없는 사람이라고 무시당하기 쉽다.

개인적인 중상이나 좋지 못한 소문을 귀가 따가울 정도로 듣더라도 마음을 터놓는 친구 이외에는 듣지 못한 척하는 것이 좋다. 이런 경우 대개는 듣는 쪽도 이야기하는 쪽과 마찬가지로 나쁘게 여겨진다. 때문에 그런 화제가 나오면, 아무리 그것을 믿더라도 언제나 회의적인 표정을 짓고 정상을 참작하는 의견 쪽에 동조하는 것이 좋다.

이처럼 항상 아무것도 모르는 척하면, 우연히 정말로 모르고 있던 정보가 완벽한 형태로 손에 들어오는 일도 있을 것이다. 따라서 이것이 정보를 수집하는 최고의 방법이기도 하다.

주위 사람들에게 주의를 기울이고 냉정해져라

대부분의 사람들은 한순간이라도 아무리 보잘것없는 일에 대해서조차 우위에 서서 허영심을 만족시키고 싶어한다. 따라서 말하지 않아야 할 것도, 상대방이 모르는 것을 자기가 가르쳐줄 수 있다는 것을 과시하기 위해 엉겁결에 입을 열게 마련이다. 그럴 때, 모르는 척하면 정보를 얻을 수 있는 것 외에도 이득이 되는 것이 있다. 정보를 입수하는 데 무관심하다는 인상을 상대에게 줄 수 있고, 그 결과 음모나 계략에는 도통 관련이 없는 인물처럼 받아들여지는 것이다.

하지만 정보는 모아야 한다. 우연히 들은 정보는 자세히 조사해야 한다. 정보를 모을 때는 현명한 방법을 취해라. 항상 귀를 곤두세우거나 직접 질문하는 것은 현명한 방법이 아니다. 그런 행동을 하면 상대방은 방어 태세를 취하고, 같은 이야기를 몇 번씩 반복한다. 결국 쓸모없는 정보밖에는 얻지 못한다.

모르는 척하는 것과 반대로, 당연히 모르는 것을 알고 있는 척하는 것도 때로는 효과가 있다. "그래, 바로 그거야!" 하고 친절하게 모든 것을 이야기하는 사람도 있고, "이런 식으로 들었을지도 모르지만" 하는 사람도 있다.

이처럼 생활의 지혜를 능숙하게 발휘하려면 항상 자신이나 주위 사람들에 대해서도 주의를 기울이고 냉정해야 한다.

무적이었던 아킬레스도 싸움터에 나갈 때는 완전 무장을 했다. 사회는 너에게 싸움터와 마찬가지다. 항상 완전 무장을 하고, 약점에는 한 벌의 갑옷을 더 씌울 정도의 마음가짐이 필요하다. 사소한 부주의, 지나치기 쉬운 마음의 허점이 너에게 치명상이 될 수 있으니까 말이다.

42. 인맥을 현명하게 이용해라

이런 사람과 친하게 지내면 언젠가 반드시 좋은 일이 있을 것이다. 그리고 그 사람도 내내 심정을 헤아려서 너와 친밀하게 사귈 생각을 갖고 있을 것이다. 너를 위해서라도 두 사람의 관계가 깊어지고, 그 이용 가치가 높아지기를 바라며, 그렇게 되리라고 믿는다.

좋은 사람들을 소개하니 친근하게 사귀어라 용해라

사랑하는 아들아, 이 편지는 몽펠리에에 있는 너에게 배달될 것이라고 믿는다. 몽펠리에서 하트 씨의 병도 완쾌되어 크리스마스 전에는 파리에 도착하기를 빌겠다. 파리에서는 꼭 너에게 소개하고 싶은 두 사람이 있다. 모두 영국인이지만, 주목할 만한 사람들이다. 이 두 사람 모두와 친근하게 사귀기를 권하고 싶구나.

한 사람은 여성이다. 그렇다고 이성으로서 친밀한 관계를 맺으라는 것은 아니다. 그쪽 일은 내가 직접 관여할 일은 아니다. 게다가 유감스럽게도 그녀는 50세가 넘었다. 전에 너에게 디종까지 가서 만나고 오라고 말했던 하비 부인이다. 다행스럽게도 파리에서 겨울을 지내신다고 한다. 이 부인은 궁정에서 자란 분으로, 궁정의 쓸모없는 부분을 제

212

외한 좋은 부분, 즉 예의 바름, 품위, 친절함을 지니고 있다. 식견도 높고, 여성으로서 읽어야 할 책은 모두 읽었을 뿐 아니라 라틴어도 완벽하다. 물론 그녀는 자신의 모든 능력을 남들이 눈치 채지 못하도록 교묘하게 숨기고 있다.

이 부인은 너를 친자식처럼 대해줄 것이다. 너도 부인을 나의 대리인으로 생각하고, 무슨 일이든 믿고 의논하고 부탁하도록 해라. 그 부인처럼 모든 것을 지닌 여성은 없다고 확신한다. 화술이나 태도, 예의범절 등 여러 면에서 모자라는 점이 있으면 그때마다 지적해달라고 부탁해라. 저 유럽을 찾아보아도 이 부인만큼 그런 역할을 정확하게 해낼 사람은 없으리라고 믿는다.

너에게 소개하고 싶은 또 한 사람은 너도 조금 안면이 있는 헌팅턴 백작이다. 그는 내가 너 다음으로 애정을 쏟는 사람으로, 나를 양아버지처럼 따르고, 사실 그렇게 부른다.

그는 뛰어난 자질과 해박한 지식을 갖추고 있다. 그를 한마디로 평가한다면, 우리나라에서 가장 훌륭한 청년이라고 해도 과언이 아닐 정도로 본받을 점이 많은 사람이다.

이런 사람과 친하게 지내면 언젠가 반드시 좋은 일이 있을 것이다. 그리고 그 사람도 내 심정을 헤아려서 너와 친밀하게 사귈 생각을 갖고 있을 것이다. 너를 위해서라도 두 사람의 관계가 깊어지고, 그 이용 가치가 높아지기를 바라며 그렇게 되리라고 믿는다.

인맥을 현명하게 이용해라

우리가 살아가는 사회에서는 인맥, 즉 친분관계가 필요하단다. 신중하게 관계를 구축하고 그것을 제대로 유지해나갈 수 있다면, 그 사람은 틀림없이 성공할 것이다.

친분관계에는 두 가지가 있다. 너는 그 차이를 항상 염두에 두고 행동해라.

첫째는 대등한 친분관계다. 이것은 소질과 역량이 거의 비슷한 두 사람이 구축하는 호혜적인 관계로, 비교적 자유로운 교류와 정보 교환이 이루어진다. 이 관계는 서로의 능력을 인정하고 상대방이 자기를 위해 힘써준다는 확신이 없고서는 성립되지 않는다. 그 밑바탕에 흐르는 것은 상대방에 대한 존경이다. 때때로 상호간의 이해가 대립되는 경우가 있어도 결코 무너지지 않는 상호 의존관계라 할 수 있다. 이해가 대립해도 서로 조금씩 양보하면 최종적으로는 합의를 이룰 수 있단다.

내가 헌팅턴 백작과 너에게 바라는 것이 바로 이런 관계다. 두 사람 모두 거의 같은 시기에 사회로 나갈 것이다. 그때 네가 백작과 거의 대등한 능력과 집중력을 갖추고 있다면, 두 사람은 다른 젊은이와도 손을 잡고 모든 사람들에게 인정받는 집단을 결성할 수 있을 것이다. 이를 통해 두 사람 모두 성공의 사다리를 올라갈 수 있을 것이다.

또 한 가지는 대등하지 않은 친분관계다. 한쪽에는 지위나 재산이 있고, 다른 한쪽에는 소질이나 능력이 있는 경우가 바로 그렇다. 이 관계에서는 혜택을 입는 쪽이 하나여서, 그 혜택도 겉으로 드러나지 않도록 교묘히 은폐되어 있는 경우가 많다.

혜택을 받는 쪽은 상대방의 심기를 살피고 마음에 들도록 행동하며, 상대방의 우월감을 꾹 참고 견디고 있다. 반대로 혜택을 주는 쪽은 자기는 상대방을 제대로 조종하고 있다고 믿지만 사실은 그렇게 믿도록 조종되는 것에 불과하며, 상대방의 뜻대로 놀아나고 있다. 이런 사람은 교묘하게 조종하는 쪽에 커다란 이익을 가져다주는 경우가 많다.

43. 좋은 경쟁자를 성공의 열쇠로 삼아라

만약 상대방이 갖가지 수법을 써서 고의적으로 너를 모욕하거나 경멸한다면 그때는 망설일 것이 없다. 때려눕히면 된다. 하지만 비난당한 정도라면 겉으로는 예의 바르게 행동해라. 그러는 쪽이 상대방에 대한 보복도 되고, 네 자신을 위한 길이기도 하다.

라이벌에게 이기는 방법이 있다

아들아, 자기가 싫어하는 사람에게 사려 깊은 태도로 대하기 위해서는 어떻게 하면 좋은가를 알아두는 것은 무엇보다도 중요하다. 그런데 젊은이들은 그것을 알고 있으면서도 막상 실천에 옮기는 데에는 역부족인 것 같구나. 그들은 작은 일에도 피가 거꾸로 솟는 듯 흥분하여 앞뒤 구별을 하지 못한다. 직장에서 일을 하거나 연애를 하다가도 자신의 생각을 비판하는 말을 들으면 그 자리에서 상대방에게 싫어하는 기색을 내보인다.

젊은이에게는 경쟁자도 적과 마찬가지다. 눈앞에 나타나면 냉담하거나 무례한 태도를 취하며, 어떻게 해서든 상대방을 때려눕힐 방법

216

을 궁리한다. 하지만 이것은 터무니없는 생각이다. 상대방에게도 좋아하는 직업이나 여성을 선택할 권리가 있다. 게다가 그런 짓을 하는 것은 통찰력이 부족하다는 증거다. 경쟁자를 차갑게 대했다고 해서 소원을 이루는 것은 아니다. 오히려 경쟁자끼리 다투는 곳에 제삼자가 끼어들어 좋은 것만 골라가는 일이 종종 일어난다.

물론 사태는 그렇게 단순하지 않다. 그것은 나도 인정한다. 어느 쪽도 그렇게 간단히 방향을 전환할 수 없는 노릇이고, 일이든 연애든 어느 누구에게도 간섭받기 싫어하는 미묘한 문제임에는 틀림없다. 하지만 원인은 제거할 수 없다고 해도 결과가 어떻게 되는가 정도는 알 수 있을 것이다.

두 사람의 연적이 있다고 하자. 두 사람이 불쾌한 표정을 하고 딴전을 피우거나 서로 욕설을 퍼붓는다면, 그 자리에 있는 다른 사람들도 기분이 좋지 않을 것이다. 그리고 목표가 되는 여성도 불쾌할 것이다.

하지만 어느 쪽이든, 한쪽이 먼저 마음속이야 어떻든 겉으로는 연적에게 상냥하고 자연스럽게 대할 수 있다면 어찌 될까? 다른 한쪽 사람은 초라하게 보이고, 그 여성은 상냥한 태도를 취하는 쪽에 호의를 가질 것이다. 그리고 그 응대를 받은 쪽은 상대가 그렇게 유연하게 나오는 것을 보고 자신이 패배했다고 확신하며, 그 여성에게 오히려 불쾌감을 드러낼 것이다. 그러면 그 여성은 그와 같은 이성 없는 태도에 실망하여 두 사람의 사이는 멀어질 것이다.

좋은 경쟁자는 성공의 열쇠다

직업상의 경쟁자도 마찬가지다. 자신의 감정을 억누르고 냉정해질 수 있는 사람은 경쟁자에게 이길 수 있다. 프랑스 사람들은 '은근한 태도'라는 말을 즐겨 쓴다. 이 말은 연적을 향해 미워하고 싫어하는 감정을 노골적으로 드러내는 소견이 좁은 사람에게는 더욱 특별히 상냥한 태도를 취하라는 의미다.

알기 쉽게 설명하기 위해 내 경험담을 이야기하마. 잘 기억해두었다가 네가 나와 같은 상황에 처했을 때 활용하기 바란다. 내가 네덜란드의 헤이그에 가서 오스트리아 계승 전쟁에 대한 전면 참전을 요청하고, 구체적으로 군대의 인원을 결정하는 등의 협상을 진행시켰을 때의 일이다.

헤이그에는 너도 잘 아는 수도원장 한 분이 있었다. 그는 프랑스 편에 가담해서 어떻게든 네덜란드의 참전을 저지하려고 했다. 나는 이 수도원장이 두뇌가 명석하고, 마음씨도 따뜻하며, 근면하다는 말을 듣고 서로 숙적인 탓에 친교를 맺을 수 없는 것을 몹시 안타깝게 생각했다. 하지만 제삼자가 마련한 어떤 좌석에서 그 수도원장을 보았을 때, 나는 어떤 사람을 통해 그를 소개 받고 이렇게 말했다.

"비록 나라끼리는 서로 적대적이지만 우리들이라면 그것을 초월해서 친해질 수 있으리라고 믿습니다. 수도원장님도 저처럼 생각하실 것입니다."

그러자 수도원장도 나를 정중한 태도로 대해주었다.

그로부터 이틀 후, 아침 일찍 암스테르담의 의회에 갔을 때 그곳에는 이미 수도원장이 와 있었다. 나는 수도원장과 안면이 있다는 것을 의원들에게 이야기하고 부드럽게 웃는 표정으로 이렇게 말했지.

"제 오랜 숙적이 이곳에 있는 것을 보고 대단히 유감스럽게 생각합니다. 왜냐하면 이분의 능력은 이미 저에게 공포심을 안겨주었습니다. 이래서는 공평한 싸움이 될 수가 없습니다. 부디 이분의 힘에 굴복하지 말고 이 나라의 이익만을 생각하도록 부탁합니다."

나의 말에 그 자리에 있던 사람들 모두가 미소를 지었다. 수도원장도 나에게 정중한 찬사를 받은 것이 그다지 싫지 않은 표정이었다. 10분 정도 지나자 그는 나를 남겨놓고 그 자리를 떠났다.

나는 계속 설득했단다. 전과 다름없는 태도로, 하지만 한층 더 진지하게 설득했다.

"제가 이곳에 온 것은 네덜란드의 국익을 생각해서입니다. 제 친구는 여러분의 눈을 흐리게 하기 위해서 허식이 필요했습니다. 하지만 저는 일체 그런 것은 버리고 진실만을 말씀드리겠습니다."

나는 목적을 달성했다. 그리고 그 이후 수도원장과도 동등한 위치에서 사귀고 있다. 지금까지 그와 나는 다른 사적인 자리에서 만났을 때도 서로가 정중한 태도로 대하고, 서로의 근황 등을 묻곤 한다.

경쟁자의 비난 정도는 예의 있게 받아들여라
경쟁자와 떳떳하고 당당하게 마주하는 방법에는 두 가지가 있다.

극단적으로 부드럽게 대하거나 아니면 때려눕히는 것이다.

만약 상대방이 갖가지 수법을 써서 고의적으로 너를 모욕하거나 경멸한다면 그때는 망설일 것이 없다. 때려눕히면 된다. 하지만 비난당한 정도라면 겉으로는 예의 바르게 행동해라. 그러는 쪽이 상대방에 대한 보복도 되고, 네 자신을 위한 길이기도 하다.

이것은 상대방을 기만하는 것이 아니다. 네가 그 사람의 가치를 인정하고 친구가 되고 싶다고 한다면 비겁한 태도일지 모르지만, 그것이 그를 네 편으로 만드는 최선의 방법이다.

공적인 장소에서 노골적으로 실례되는 태도를 취하는 사람에게 공손히 말해도 비난받을 리는 없다. 대부분의 사람들은 네가 그 자리를 원만히 수습하고, 주위에 있는 사람들에게 불쾌감을 주지 않도록 노력할 뿐이라고 여긴다. 세상에는 개인적인 취향이나 질투 때문에 다른 사람의 생활을 방해해서는 안 된다는 약속이 존재하기 때문이다. 그것을 깨뜨리는 사람은 웃음거리가 될망정 동정 받는 일은 없을 것이다.

44. 내 아들에게 주는 또 하나의 충고

지금 작은 일을 능숙하게 처리하는 습관을 몸에 익혀두는 것이 좋다. 머지않아 네가 큰 일을 맡을 때가 올지 모르기 때문이다.

비즈니스와 관련된 편지는 이렇게 써라

성숙한 아들아, 너는 이미 사회인으로서 첫발을 내디뎠다. 언젠가는 네가 크게 성공하기를 나는 간절히 바란다. 이 세계에서는 실천이 무엇보다도 최상의 공부란다. 하지만 동시에 모든 것에 대한 마음의 배려와 집중력이 필요하다.

끝으로, 상황에 맞게 편지 쓰는 법을 알려주고 너를 위한 조언을 마무리 짓고 싶구나. 여기에는 사회인이 상식적으로 알아두어야 할 요소가 훌륭하게 집약되어 있다고 믿기 때문이다.

우선 비즈니스에 관련된 편지를 쓸 때는 확실하고 분명하게 써라. 세상에서 가장 머리가 나쁜 사람이 읽어도, 의미를 잘못 알거나 몰라서 다시 한 번 처음부터 읽는 일이 없을 정도로 분명하게 쓰도록 해라. 그러기 위해서는 정확히 써야 할 것이다. 여기에 품위가 있으면 더 바랄 것이 없다.

비즈니스에 관련된 편지에서는 개인적인 편지, 즉 상대방이 좋아하는 은유나 비유, 대조법, 경구 등을 사용하는 것은 격에 어울리지 않는 느낌이 들어서 이상하다. 오히려 직선적이고 품위 있게 짜인 문장, 구석구석까지 배려가 스며있는 것이 바람직하다. 옷차림에 비유하자면, 정장을 하는 것은 좋지만 지나치게 치장하거나 단정하지 못한 것은 좋지 않다.

또 네 손으로 문장을 직접 쓸 경우, 단락마다 제삼자의 눈으로 다시 읽으면서, 다른 의미로 착각할 수 있는 부분이 없는지를 점검해라.

대명사나 지시대명사에도 신경을 써야 한다. '이것', '저것', '본인' 등을 남용해서 오해를 불러올 바에야, 다소 장황하더라도 똑똑하게 '××씨', 'OO의 건'이라고 명시하는 편이 낫다.

비즈니스 편지라고 해서 덜 정중하거나 예의를 무시해서 좋을 리는 없다. 오히려 '이렇게 알게 되어 영광으로', '제 의견을 말씀 드린다면' 처럼 경의를 표하는 것이 더없이 중요하다. 해외에 있는 외교관의 경우 국내에 편지를 보낼 때는 대개 상관인 각료나 후원자에게 쓸 때가 많으므로 특히 이 점에 조심해라.

편지지를 접는 방법, 밀봉하는 방법, 겉봉을 쓰는 것 등에서도 그 사람의 인격이 나타나는 법이다. 그에 따라 좋은 인상을 주기도 하고,

생각지도 않은 나쁜 인상을 주는 경우도 있다. 너는 이를 가볍게 생각하는 것 같더구나. 그런 것에까지 신경 쓰기 바란다.

달필 역시 비즈니스 편지에 빠뜨리지 마라. 화려하지 않도록 달필로 써라. 하지만 이것은 비즈니스 편지에서 마무리 작업으로, 아직 기본이 잡혀 있지 않은 너에게 이런 부분까지 신경 쓰라는 것은 무리일지도 모른다.

문자나 문체도 지나치게 장식하면 역효과를 불러온다. 간소하면서도 고상하고 동시에 위엄을 느끼게 하는 것이 가장 좋다. 그런 편지를 쓰도록 노력하기 바란다.

문장은 지나치게 길거나 지나치게 짧아도 좋지 않다. 의미가 불분명해지지 않을 정도가 바람직하다. 그리고 너는 자주 철자법이 틀리는데, 그것도 비웃음을 사는 원인이 되므로 조심하기 바란다.

네 글씨는 왜 그리 지저분한지 나로서는 도저히 알 수가 없다. 글씨를 배운 사람이라면 누구나 아름다운 글씨를 쓸 수 있는 법인데 말이다. 나로서는 네가 글씨를 좀 더 잘 쓰기를 빌 수밖에 없다.

작은 것부터 공부하여 큰일을 대비해라

한 자 한 자 꼼꼼히 자로 재듯이 쓰라는 말은 아니다. 사회인이라면 빨리 쓰되 아름답게 쓸 수 있어야 한다. 그러기 위해서는 꾸준한 연습이 요구된다.

글씨를 정확하고 깔끔하게 쓰는 습관을 들이도록 해라. 그러면 신분이 높은 사람에게 편지 쓸 일이 생겼을 때도 글씨 같은 사소한 것에 신경 쓰지 않고 내용에만 집중할 수 있을 것이다.

젊었을 때 공부를 게을리 하여 정작 필요할 때 사소한 일에만 마음을 빼앗긴 나머지 큰일을 처리하지 못해 비웃음을 사는 사람들이 있다. 이런 사람들은 '작은 일에 호기를 부리고, 큰일에는 소심한 사람'이라고 부린다. 큰일과 마주할 때, 사소한 일에만 마음이 사로잡혀 있기 때문이다.

너는 지금 작은 일만 대처해야 할 시기에 있고, 또 그런 지위에 있다. 지금 작은 일을 능숙하게 처리하는 습관을 몸에 익혀두는 것이 좋다. 머지않아 네가 큰일을 맡을 때가 올지 모르기 때문이다. 그때 작은 일에 구애받지 않도록 지금부터 철저하게 준비해두도록 해라.

명심해라, 내 가장 사랑하는 아들아!

인생 최고의 가르침과 감동이 있는 편지

_김재은(이화여대 명예교수, 교육심리학)

아버지는 의식 속에 살아 있는 존재

아들이 아버지를 느끼기 시작하는 것은 4세 내지 5세쯤 되어서부터다. 심리학은 아들이 아버지를 느낄 때는 어머니를 놓고 사랑의 경쟁을 벌이기 시작하면서부터라고 말한다.

어머니의 사랑을 차지하기 위해서는 아버지가 없어져야 하고, 그러면 일이 쉬워진다고 생각한다. 하지만 어머니의 사랑을 차지하려고 하면 그 앞에 아버지가 버티고 서 있고, 자칫하면 아버지로부터 거세당할지도 모른다는 두려움을 갖는다. 이때부터 아들은 아버지를 강하게 의식한다. 아버지는 무서운 존재인 동시에 존경해야 하는 존재로 인식되는 것이다.

아버지에 대한 의식은 대개 25세 내지 26세 정도까지 지속되다가,

남자의 경우 결혼하면 아버지에 대한 의식이 정신적인 이미지로 화해 그림자처럼 따라다니는 것을 느낀다. 하지만 어머니처럼 아들의 정서 속에 깊이 남지는 않으며, 다만 의식 세계 속에 살아 있게 된다.

아들이 60세가 되어서도 아버지는 그림자처럼 아들의 의식과 관념 속을 부유한다. 그는 뭉클하게 느껴진다거나 눈물겨운 존재로 와 닿는 것이 아니라, 통신병이 등에 지고 있는 무전기처럼 내 삶의 방향을 제시하는 존재로 받아들여진다. 이처럼 아버지는 정적이기보다 이지적으로 자녀의 삶에 깊이 관여한다.

이 말을 거꾸로 하면, 아버지는 아들에게 험한 밤 바닷길을 제시해 주는 등대와 같은 존재요, 높은 산봉우리와 같이 우뚝 솟아 있어서 아이들로 하여금 우러러보는 존재요, 늘 부딪치는 인간관계의 문제를 해결할 때 원용하는 전략의 원천이요, 이념과 힘든 삶의 질곡에서 이겨낼 힘과 용기와 끈기를 주는 원천이다. 아버지는 아들에게 하나의 작은 영웅인 것이다.

우리는 자질구레한 문제를 해결하기 위해 아버지에게 매달리지는 않는다. 그런 것들은 어머니 몫으로 돌아간다. 하지만 이리 갈까, 저리 갈까 우왕좌왕할 때는 아버지에게 상담을 요청한다. 중대한 문제를 결정할 때만 아버지의 판단을 빌린다. 이런 경향은 은연 중 우리의 마음속에 흐르고 있다. 그러므로 아버지는 판단자요, 조정자요, 하나의 본보기이다.

현재의 아버지는 무엇인가?

근세 이후 전통적으로 아버지는 가정의 대표자이며 권위자, 교육자, 정의의 대표자, 재판관이자 법의 집행자였다. 이에 반해 어머니는 보조자요, 추종자요, 보육자요, 자비의 대표자였다. 하지만 현대에 와서 이 기능과 역할이 변했거나 변하고 있어서 아버지가 도리어 종속적인 위치에 놓여 권위자와 교육자의 위치에서 멀어진 듯하다. 권위자로서의 지위도 내놓았고 교육자로서의 역할도 포기하다시피 하고 있다.

그렇다면 요즘 아이들에게 아버지는 과연 어떤 존재인가? 아버지는 집에 오래 머물고 있지 않은 사람, 일찍 나가고 늦게 들어오는 사람, 가정일이나 가족보다 회사일이 더 소중한 사람, 그리고 한 달에 한 번씩 월급봉투를 가져오는 사람, 자녀에게 소홀히 하는 것이 미안하여 마지못해 휴일에 외식을 시켜주는 사람, 어쩌다가 성적표를 받아온 점수를 보고는 무서운 폭군으로 돌변하는 종잡을 수 없는 사람 정도로 생각하는 것은 아닌지…….

아버지란 자녀, 특히 아들에게는 이 세상의 그 어떤 존재보다 소중하다. 아들에게 그는 두려움과 극복의 대상이기 때문이다. 아버지가 계시지 않는 경우는 아버지의 이미지를 밖에서 선택한다. 즉 학교 선배, 스포츠 스타, 탤런트나 가수가 아버지의 이미지를 대체한다. 특히 남자들은 어떤 형태로든 아버지의 이미지를 간직한 채 일생을 살아간다. 그러므로 아들에게 아버지는 도덕적으로 지배적인 이미지로서 중요한 구실을 한다.

그럼에도 불구하고 오늘날의 아버지는 아들들에게 과연 무엇을 주고 있는가? 어떤 이미지로 아이들의 가슴과 머릿속에 남아 있는가? 아이들의 이미지 속에서 차츰 사라져가는 아버지의 모습을 생각할 때 필립 체스터필드가 그의 아들에게 보낸 편지들은 더없이 놀라운 감동이 아닐 수 없다.

체스터필드의 편지는 인생 최고의 가르침과 함께 감동이 있다

1694년에 태어나 1773년에 작고한 18세기 영국의 정치가요, 외교관이자 문필가인 체스터필드가 그의 아들에게 보낸 편지들은, 몇 세기가 지난 지금도 우리에게 새로운 감동으로 다가온다. 특히 그의 편지는 아들이 인생을 살아가는 데 필요한 신념, 태도, 가치관, 습관 등을 감동적인 문장으로 제시하고 있다. 그중 한두 구절을 인용해보자.

"네가 꼭 알아두어야 할 것이 있다. 그것은 시간의 소중함과 그 사용 방법이다. 지금 시간을 헛되게 사용한다면 평생을 후회할 것이다."

"자기 향상을 위해서는 지나치게 노력해도 부족하다."

"오늘의 1분을 비웃는 사람은 내일 1초 때문에 운다."

이 편지 속의 글들은 한 구절 한 구절이 모두 명문장이다. 이렇게 실용적이면서도 동시에 철학적인 편지가 또 어디에 있을까?

체스터필드의 편지에서 읽을 수 있듯이 아버지는 아들에게 삶의 지표를 제시해줄 수 있는 높은 식견과 건전한 생활 철학을 가지고 있어야 한다. 그러기 위해서는 아버지는 말로만 설교하는 위선자가 아닌 실천자가 되어야 한다. 아들이 보고 모방해도 좋을 삶의 자세를 보여주어야 한다. 아버지들이여! 아들에게 무엇을 보여줄 수 있는가?

아버지는 지도자이고, 교사이며 친한 친구가 될 수 있다. 어릴 때는 교사, 청소년기에는 지도자, 아들이 장성하면 친구가 되는 것이다. 또한 동반자가 되기도 한다. 아버지가 경영하는 회사를 물려주거나 아들에게 회사의 중역 자리를 맡기면 아버지와 아들은 동료가 될 수 있다.

나는 대학에 다닐 때 일본어로 번역된 이 책을 읽고 너무도 감명을 받아, 대학교수가 된 후에도 여기저기에 글을 쓸 때 체스터필드의 글을 인용하곤 했다. 그리고 지금은 아버지로서 나 자신을 비추어보는 거울로 삼고 있다.

아버지는 아버지대로 이 편지들에서 지혜를 얻을 수 있으며, 아들을 비롯한 자녀는 직접 아버지로부터 편지를 받는 심정으로 이 글을 읽을 수 있을 것이다. 그럴 수만 있다면 두 사람 모두 행복한 사람이 될 것이다. 그리고 틀림없이 삶은 더 풍부하고 행복해질 것으로 확신한다.